Sagen und Geschichten
aus dem Landkreis Rotenburg (Wümme)

Titelzeichnung: Peter Fischer, Winkeldorf

3. Auflage 2021

Copyright © Edition Falkenberg, Bremen
ISBN 978-3-95494-197-1
www.edition-falkenberg.de

Almuth Quehl

Sagen und Geschichten aus dem Landkreis Rotenburg (Wümme)

Edition Falkenberg

Inhalt

Franzosenzeit

Teufel

Vorwort

Sagen gab es schon immer. Sagen wird es auch immer geben. Sagen gehen zurück auf mündliche Überlieferungen. Es sind meist kurze Erzählungen von besonderen, zum Teil fantastischen Ereignissen, die die Wirklichkeit übersteigen. Vermutlich reale oder auch irreale Begebenheiten werden dabei mit Personen und Orten verbunden, wodurch sie zur »Wahrheit« werden. Sagen erzählt man sich bereits seit Menschengedenken. Auch heute werden sie noch weitererzählt, und einige werden sogar verfilmt. Zumeist handelt es sich dabei um unglaubhafte und übernatürliche Erlebnisse, die zum Wesenskern dieser Sagen wurden. Übernatürliche Wesen, wie Riesen, Zwerge und Hexen, werden dabei mit tatsächlichen Ereignissen und besonderen Orten in Verbindung gebracht.

Auch im und über den Landkreis Rotenburg (Wümme) gibt es unzählige Geschichten bzw. Sagen zu erzählen. Die Kirchwalsederin Almuth Quehl ist seit vielen Jahren als Gästeführerin für die Region unterwegs. Sie sammelt, recherchiert, führt Gespräche mit Menschen, sucht Orte auf, fragt nach und sichtet viele mündliche und schriftliche Quellen. Almuth Quehl ist somit ständig auf Entdeckungstour im »sagenhaften« Landkreis Rotenburg (Wümme). Mit ihrem Erstlingswerk macht sie nun längst Verborgenes sichtbar bzw. entdeckbar und auch erlebbar. Orte, die kaum einer kennt, wie Grapenmühlen, Kalbe oder Rüspel, natürliche Orte, Naturerscheinungen und besondere Bauwerke, die wir gerne aufsuchen, wie den Bullensee, die Visselquellen oder die Kirchen, Mühlen, Steingräber in der Region, sind Almuth Quehl dabei immer wieder begegnet.

Nicht nur die Brüder Grimm hatten Sagenhaftes zu berichten. Für Almuth Quehl birgt der Landkreis Rotenburg (Wümme) einen reichhaltigen Sagenschatz, der viel über unsere Region und die hier lebenden Menschen aussagt.

Lesenswert ist dieses Buch, denn es gibt einen nachhaltigen Einblick in das Leben auf dem Lande in früheren Zeiten und zeigt, warum es in unserer Region immer noch so lebenswert ist.

Udo Fischer
Geschäftsführer des Touristikverbandes
Landkreis Rotenburg (Wümme) e.V.

Einleitung

Heute haben wir viele Möglichkeiten, uns zu informieren und unterhalten zu lassen: wir können Bücher lesen, Radio hören, fernsehen oder uns unser individuelles Unterhaltungsprogramm im Internet oder bei Streaming-Diensten zusammenstellen.

Unsere Vorfahren hatten weniger Auswahl: Sie konnten entweder gemeinsam singen oder sich etwas erzählen. Das geschah bei Zusammenkünften jeglicher Art. Gemeinsame Arbeit wurde durch Singen und Erzählen versüßt. Märchen und Sagen wurden erzählt und weitergegeben.

Märchen sind Geschichten, bei denen es offensichtlich ist, dass sie nicht wahr sind. Sie beginnen mit: »Es war einmal«, »Vor langer, langer Zeit« oder ähnlichen unbestimmten Einleitungen, und die Begebenheiten, die geschildert werden, sind zu fantastisch, als dass sie tatsächlich geschehen sein könnten. Bei Sagen ist das anders: Sie tun so, als wären sie wahr. Oft wird ein genauer Ort genannt, an dem das Geschehen stattgefunden haben soll, historische Personen werden als Zeugen eingebunden oder es wird eine bestimmte Zeitangabe gemacht. Davon sollte man sich jedoch nicht auf's Glatteis führen lassen! Die Sagen tun so, als ob. Oft taucht ein Sagenmotiv oder eine ganze Erzählung in verschiedenen Gegenden Deutschlands oder sogar Europas auf. Diese Geschichten werden Wandersagen genannt. Sie unterscheiden sich dann hauptsächlich durch die Ortsangaben.

Viele Sagen haben einen wahren Kern, der über viele Generationen, in denen die Geschichte wieder und wieder erzählt wurde, fast nicht mehr auszumachen ist. Wer am Markttag in der Stadt gewesen war, brachte Neuigkeiten mit, die zu Hause weitergegeben und besprochen wurden. Der Nachbar, der zu Besuch war, erzählte die Geschichte seinen Leuten. Am nächsten Tag fuhr der Knecht ins Nachbardorf: So verbreitete sich die Geschichte, jeder Erzähler formte sie etwas um, vergaß ein Detail, schmückte eine Stelle, die ihm wichtig erschien, besonders aus.

Mit Hilfe von Sagen versuchten die Menschen auch, sich ihre Umwelt zu erklären und Sachverhalte zu deuten, die sie nicht verstanden. Das konnten ganz konkrete Dinge sein, wie eine Landschaftsform oder der Standort eines besonderen Findlings, aber auch weniger fassbare und die Existenz bedrohende Phänomene, wie Krankheit und Tod bei Mensch und Tier. Dann wurde die Schuld oft bei Hexen gesucht, von deren Existenz und unheilvollem Wirken die Menschen überzeugt waren.

Eine weitere Gruppe von Sagen hat einen erziehenden oder warnenden Charakter: Wer bestimmte Tabus bricht (die Jagd am Heiligen Abend ist zum Beispiel ein solches Tabu), wird unweigerlich bestraft und fällt dem Teufel in die Hände. Auch mangelnder Respekt gegenüber unheimlichen Erscheinungen zieht in diesen Geschichten negative Folgen nach sich.

Manche Sagen mögen auch schlicht der Feder eines Heimatdichters entsprungen und aufgrund ihres Themas schnell zu einer »uralten« Erzählung erklärt worden sein, weil es so schön ins Bild passte und ein Erzähler eine geschriebene Geschichte mündlich weitergab.

Die von mir gesammelten Sagen stammen bis auf eine Ausnahme aus dem Landkreis Rotenburg (Wümme). Ich habe sie aus unterschiedlichen Quellen zusammengetragen. Die Geschichten sind zu verschiedenen Zeiten gesammelt und aufgeschrieben worden. Ich habe mir die Freiheit genommen, sie sprachlich aneinander anzugleichen und sie für unsere Zeit verständlich und lesbar zu machen.

Danken möchte ich allen, die mir bei der Suche nach den Geschichten geholfen haben, auch wenn das Nachhaken nicht immer Erfolg hatte.

Almuth Quehl

Wasser

»Grundlose« Seen gibt es etliche. Um diese Gewässer ranken sich einige Sagen und früher meinte man, in ihrer Nähe sei es nicht geheuer. Auch der große und der kleine Bullensee zählten zu diesen grundlosen Seen, und so gibt es viele unheimliche Geschichten, in denen die Bullenseen eine Rolle spielen. Meist kommen ein Schloss und ein Pferd (oder zumindest eines von beiden) vor.

Früher erzählte man in Kirchwalsede auch, dass sich der See jedes Jahr ein Opfer hole, und man warnte davor, im großen Bullensee zu schwimmen; wer im großen Bullensee ertrinke, dessen Leiche tauche im kleinen Bullensee wieder auf, so ging die Sage.

Dass die Gefahr aber viel mehr vom Reiten als vom Schwimmen ausgeht, erzählt die folgende Geschichte.

Das Ross vom Bullensee

Einst lebte in Kirchwalsede ein junger Bauer und ein junges Mädchen, die hatten sich sehr lieb. Aber als der junge Mann durch einen Sturz die Sprache verlor, da wollten es die Eltern des Mädchens nicht zulassen, dass die beiden einander heirateten. Da wurde der junge Mann des Lebens überdrüssig. Er hatte schon vieles versucht, um seine Sprache wiederzuerlangen, aber alles war vergebens gewesen. Nun wollte er noch einmal einen Arzt fragen, ob er ihn nicht heilen könnte. Gab es keine Hilfe, dann wollte er sterben. Also machte er sich auf nach Rotenburg, wo ein Arzt wohnte. Als er an dem schönen Bullensee vorbeikam, stand dort ein schwarzer, gezäumter Hengst und wieherte, als ob er auf seinen Reiter wartete. Der junge Bauer ging zum Pferd, schwang sich in den Sattel und ließ sich vor das Haus des Arztes tragen. Aber der Doktor konnte ihm nicht helfen. Voller Verzweiflung bestieg er wieder das Pferd und ritt im Galopp davon. Aber er verlor die Gewalt über das Pferd und sah auf einmal voller Entsetzen, dass er sich dicht vor dem Bullensee befand. Im letzten Augenblick ergriff er den Zweig eines Baumes, unter dem das Pferd dahinpreschte, und zugleich stieß er einen Schrei des Entsetzens aus: die Sprache war ihm wiedergegeben. Er blieb am Ast des Baumes hängen, während das Pferd unter ihm weg klatschend in das aufspritzende Wasser des Bullensees sprang und verschwand.

Der junge Bauer eilte in sein Dorf und in das Haus seiner Geliebten. Er erzählte von seiner wunderbaren Begegnung und Heilung. Nun hatten ihre Eltern nichts mehr gegen die Heirat einzuwenden, und die beiden wurden ein glückliches Paar. Der Bauer aber erzählte noch oft vom unheimlichen Bullensee und seinem schwarzen Ross.

Das Schloss im Bullensee

Wo heute der große Bullensee liegt, stand einstmals ein großes, prächtiges Schloss, das infolge der Gottlosigkeit seiner Besitzer versunken ist. An jedem Pfingstmorgen, wenn die Sonne aufgeht, steht am Ufer des Sees ein aufgezäumtes weißes Ross. Wer sich auf dessen Rücken schwingt, den nimmt es mit sich hinunter in das verwunschene Schloss auf den Grund des Sees.

Eine weitere Geschichte schmückt dieses Motiv aus:

Das versunkene Schloss

Dort, wo sich heute der Bullensee befindet, hat der Sage nach einst ein großes Schloss gestanden, in dem ein gefürchteter Raubritter hauste. Seine Schätze sammelte er in einem blanken Kessel. Als er wieder einmal mit seinen Spießgesellen einen Kaufmannszug überfiel, schrie der Beraubte ihm nach, dass er samt seinem Gold und Silber zur Hölle fahren möge. Der Fluch sollte sich schon am nächsten Tag erfüllen. Wieder zogen die Raubgesellen aus, stießen diesmal aber auf einen stark bewaffneten Zug. Alle Knechte des Ritters wurden erschlagen, er selbst konnte fliehen. Aber als er mit seinem Pferd auf der Schlossbrücke ankam, versank er mit seinem Schloss und allen Schätzen in der Erde. An Stelle des Schlosses lag jetzt ein See da.

Nun wohnten in der Nähe drei Brüder, arme Holzfäller, die nicht wussten, wie sie ihre kinderreichen Familien durchbringen sollten. Da träumte der Älteste von ihnen einmal einen sonderbaren Traum. Ein Mann in Ritterrüstung stand vor ihm und sagte, er sei der Herr des versunkenen Schlosses und müsse mit seinen Gefährten Höllenqualen erdulden. Auf dem Grunde des Sees liege ein großer Kessel, mit Gold und Silber gefüllt, den könnten die Brüder gemeinsam heben und damit ihn und seine Knechte von ihren Qualen erlösen, wenn sie in der nächsten Neumondnacht den See leerschöpfen würden. Aber völliges Schweigen sei notwendig; durch ein einziges gesprochenes Wort würde ihnen der Schatz für immer verloren gehen. Da erwachte der Träumende.

Am anderen Morgen erzählte er seinen Brüdern den Traum, und sie beschlossen, das zu tun, was unmöglich schien. In der Dunkelheit der ersten kommenden Neumondnacht gingen sie mit Eimern an den See und begannen schweigend das Wasser zu schöpfen und hinter sich zu gießen;

und die Arbeit hatte tatsächlich Erfolg: der Wasserspiegel senkte sich. Das spornte die drei zu größerem Eifer an; schweigend schöpften sie weiter und das Wasser sank tiefer und tiefer.

Nach langen Mühen tauchten aus dem dunklen Wasserspiegel die Umrisse eines verrosteten Eisenkessels auf, in dem es vor purem Gold und Silber, von Geschmeide und Edelsteinen blitzte und blinkte, dass es den staunenden Männern den Atem verschlug. Um so einen großen Schatz zu bergen, waren ihre Eimer viel zu klein. »Oh, Hinnerk, had ik doch bloß minen Mehlbüdel mitbrocht!«, entfuhr es dem jüngsten Bruder. In demselben Augenblick brausten gewaltige Wassermassen aus der Tiefe empor und füllten den See so schnell wieder, dass die Brüder nur mit Mühe und Not das Ufer erreichen konnten. So blieben sie ihr Leben lang arm, denn alle späteren Versuche, den Schatz zu heben, waren vergeblich.

In einer weiteren Geschichte ist der Bullensee zwar nicht ausdrücklich genannt, aber auch hier geht es um Wasser und ein Pferd:

Das Rufen im Teich
In der Nähe von Rotenburg waren einmal Leute auf dem Feld mit der Ernte beschäftigt, da hörten sie aus einem nahen Teich eine Stimme, die rief

laut und vernehmlich: »De Sünn is da un de Kerel noch nich!« Im selben Augenblick sahen sie auch von fern einen Reiter dahergesprengt kommen, der lenkte sein Pferd gerade auf den Teich zu, so viel sie ihm auch winkten und zuriefen, dass er zurückbleiben sollte. Jetzt sprengte er gerade hinein, und bald kam auch das Pferd wieder hervor, aber der Reiter war verschwunden und kam nicht mehr zum Vorschein.

Aber nicht nur um den großen und den kleinen Bullensee ranken sich Sagen, auch Quellen sind oft »unheimliche« Orte. Dies mag seine Ursache darin haben, dass sie in heidnischen Zeiten Orte der Götterverehrung waren und sich die Erinnerung daran in Geschichten über Wassergeister und andere unheimliche Erscheinungen gehalten hat. So eine Quelle findet sich in Visselhövede hinter der St. Johannis-Kirche.

Die Visselquellensage
Vor uralten Zeiten, war dort, wo jetzt Visselhövede ist, ein tiefer, dunkler Wald, und in diesem Wald befand sich die Visselquelle. Das Wasser sprudelte besonders kräftig aus der Erde, und es hatte sich ein schöner Quellteich unter den dichten Baumkronen gebildet. Nun gab es einen bösen Wassergeist, der den Visselbach hinaufgewandert war und sich in der Quelle

niedergelassen hatte. Er sah grauenerregend aus, hatte Haare wie Tang, feuerrote Augen und ein breites, schwabbeliges Froschmaul mit gelben Zahnstummeln.

Der böse Wassergeist ergriff alle Lebewesen, die sich der Quelle näherten, und ertränkte sie im Wasser, ob es nun Rehe, Hasen, Wildschweine oder Menschen waren. Nur wenige entkamen ihm.

Eines Tages verirrte sich die Tochter eines Fürsten, der in der Nähe eine Burg hatte, im Wald. Nachdem sie eine lange Zeit zwischen den Bäumen umhergeirrt war, kam sie hungrig und durstig zu der Quelle. Als sie sich zu dem Wasser hinunterbeugte, um ihren Durst zu löschen, kam der böse Wassergeist, um sie ins Wasser zu ziehen. Aber als er sie sah, fand er sie so schön, dass er sie am Leben ließ. Allerdings wollte er sie auch nicht gehen lassen. Also zog er einen Bannkreis um die Quelle. Da saß die schöne Fürstentochter nun am Quellteich und konnte nicht fort. Ihr Entsetzen war groß, als der Geist prustend aus dem Wasser auftauchte und ihr sagte, dass er sie bei sich behalten wollte.

»Niemals«, rief sie, »lieber ertränke ich mich in der Quelle!«

Aber als sie ins Wasser springen wollte, hatte der Geist die Wasseroberfläche in Kristall verwandelt. So musste sie am Ufer sitzen bleiben.

»Wenn du mir dein Herz gibst, kannst du bei mir im Wasser leben«, sagte der Geist. »Ich muss sterben, wenn ich an Land komme.«

Zornig lehnte die Prinzessin den Vorschlag ab und beschimpfte den Geist. Der fing wieder an, jedes Lebewesen, das sich der Quelle näherte, zu ertränken, weil er die Fürstentochter quälen und ihren Willen brechen wollte. Immer wieder rief er: »Heirate mich!«

»Ich will dich nicht heiraten, du bist grausam und böse und hast schon so viele unschuldige Lebewesen ermordet. Ich hasse dich!«, sagte die Prinzessin.

Da dachte sich der böse Geist eine List aus, um das Herz der Fürstentochter zu ergattern.

»Wenn du so viel Mitleid mit Wildschweinen, Rehen und Hasen hast, warum kaufst du mir dann nicht ihr Leben ab?«

»Ich habe ja nichts Wertvolles bei mir, das ich dir geben könnte«, sagte die Prinzessin.

»Gib mir für jedes Leben, dass ich verschone, ein Gramm von deinem Herzen«, antwortete der Geist. Und als gleich darauf wieder ein Reh an die Quelle kam und der Geist es ergreifen wollte, hatte die Prinzessin so viel Mitleid mit dem Tier, dass sie auf den Handel einging. Nun gab sie für jedes Tier, das zum Wasser kam, ein Gramm ihres Herzens, bis sie nur noch ein einziges

Gramm übrig hatte. Voller Angst dachte sie an den Augenblick, in dem sie dem Geist ins Wasser folgen musste.

Inzwischen herrschte im Schloss ihres Vaters große Trauer. Der Fürst hatte schon im ganzen Land nach seiner Tochter suchen lassen, aber niemand hatte sie gesehen. Da kam ein junger Prinz an den Hof, und als er von der Trauer und dem Kummer der Menschen dort erfuhr, beschloss er, die Fürstentochter zu suchen. Nachdem er lange keine Spur der Prinzessin gefunden hatte, wollte er die Hoffnung schon aufgeben. Da kam er zu der Visselquelle.

Als er sich zum Trinken über die Quelle beugte, bemerkte ihn die Prinzessin. Schon wollte sie ihn zurückreißen, da fiel ihr ein, dass sie dann ja das letzte Gramm ihres Herzens an den Geist verlieren würde. Aber bevor sie einen Warnruf ausstoßen konnte, sah der Prinz, wie sich ihr angstverzerrtes Gesicht im Wasser spiegelte. Schnell drehte er sich herum und fing die Prinzessin, die vor Aufregung ohnmächtig geworden war, auf. Als sie wieder zu sich gekommen war, erzählte sie, was sie erlebt hatte.

»Jetzt bist du auch in seiner Gewalt«, klagte sie. »Nun sind wir beide verloren.«

Aber der Königssohn hatte eine Idee, wie er sie beide retten könnte. Während der Wassergeist in der Quelle tobte und schäumte, erklärte der Prinz dem Mädchen leise, was er vorhatte. Er wollte den Geist aus dem Wasser locken, um ihm seine Macht zu nehmen.

Also rief der junge Mann laut, dass er die Prinzessin töten wollte und auch selbst mit ihr sterben, um nicht in die Gewalt des Wassergeistes zu kommen. Die Prinzessin schrie, sie wolle nicht sterben, und der Wassergeist solle sie retten. Der Königssohn nahm einen Dolch und tat so, als wolle er das Mädchen erstechen. Der Wassergeist war außer sich vor Wut, dass ihm jemand seine Beute nehmen wollte, vergaß alle Vorsicht und sprang aus dem Wasser an Land. Aber kaum hatte er festen Boden unter den Füßen, verwandelte er sich in eine Kröte und verschwand klagend in der Quelle.

Damit war der Bann gebrochen, die Prinzessin und der Königssohn kehrten in das Schloss zurück, wo sie mit großem Jubel begrüßt wurden. Sie hielten Hochzeit und wenn sie nicht gestorben sind, dann leben sie noch heute.

Den Wassergeist hat niemand mehr gesehen. Aber es heißt, dass auch heute noch manchmal, wenn ein Liebespärchen an der Quelle sitzt, ein schauriges Heulen aus der Tiefe zu hören ist.

Etwas weniger dramatisch, aber auch weniger romantisch ging es an einem Teich bei Groß Meckelsen zu.

»Op de Quak« bei Groß-Meckelsen

Zwischen Groß Meckelsen und Alpershausen lag einst eine weite Heidefläche, durch die ein weißer, sandiger Weg lief. Etwas abseits gab es einige Wasserlachen, die von alten Bäumen und grünem Schilf umstanden waren. Die Dorfleute nannten die Teiche »Op de Quak«, denn im Frühling quakten dort stets zahlreiche Frösche.

Aber es war merkwürdig, dass auch spät im Jahr, wenn anderswo die Frösche ihr Quaken längst eingestellt hatten, Wanderer, die nachts an den Teichen vorbeikamen, durch laute, dumpfe Froschstimmen erschreckt wurden. Und wenn man das Quaken einmal gehört hatte, blieb es im Ohr, bis man das nächste Dorf erreicht hatte. Viele Leute sagten, es würde Unglück bringen, wenn man die Frösche hörte. Andere sagten aber auch, dass es etwas Gutes bedeuten könnte.

Aber die Froschstimmen wirkten unheimlich auf die Menschen, und jeder war froh, wenn man sie nicht gehört hatte.

Heute sind die Heideflächen verschwunden, wo sie waren, sind heute Äcker. Die Teiche sind zugewachsen, vielleicht ist es dort, wo sie lagen, noch etwas sumpfig. Die Gegend heißt aber immer noch »Op de Quak«.

Nicht nur Quellen und Teiche, auch Bäche konnten unheimlich sein. Oft bildete sich dort Nebel, und der war schon immer Auslöser von allerlei unheimlichen Phantasien. Wer den Ort des Geschehens aufsuchen möchte: beim »Dwirbeck« müsste es sich um den »Obach« handeln.

Das Gespenst am Dwirbeck

Dicht beim Loh von Rüspel schlängelt sich der Dwirbeck (oder auch Querbach) durch die Wiesen. Er wendet sich an Weertzen vorbei der Oste zu. Vor vielen Jahren war es dort ganz einsam und verlassen. Um die Wiesen am Bach wuchsen Büsche, und dahinter erstreckten sich weite Heideflächen. Wenn die Nebel aus den Wiesen aufstiegen, konnte man meinen, böse Geister und Gespenster trieben dort ihr Unwesen.

Es wird erzählt, dass einmal ein junger Mann in die Nebelschwaden geraten war. Als er wieder nach Hause kam, war er blass und verstört. Wenn er danach nur den Namen des Baches hörte, wurde er unruhig, und der Schrecken stand ihm ins Gesicht geschrieben. Er hat niemals genau erzählt, was ihm am Bach im Nebel Unheimliches geschehen ist. Nur so viel: Ein abscheuliches Gespenst habe ihn gehetzt, nach ihm gegriffen und wäre ihm gefolgt, als er geflohen sei. Hohlwangig sei es gewesen, mit blutigem Schädel und weit geöffneten Augen. Finger wie Spinnenbeine habe es gehabt. Er könne es nicht mehr vergessen.

Als der junge Bauer bald darauf im Sterben lag, rief er oft, das schreckliche Gespenst vom Dwirbeck lasse ihm keinen Frieden. Er könne es nicht verjagen, denn es käme stets wieder. Erst als der alte Elsdorfer Pastor ihm Trost und Glaubenshoffnung zusprach, wurde er ruhiger.

Anderen Gewässern werden auch freundliche Eigenschaften zugeschrieben. So konnte man am Wasserstand einer Quelle bei Kalbe vorhersehen, ob die nächste Ernte gut oder schlecht ausfallen würde.

Die weissagende Quelle bei Kalbe

Im Land herrschte eine große Teuerung. Der Erzbischof in Bremen war ein rücksichtsloser und gewalttätiger Mann, der das Land zwischen Weser und Elbe mit ständigen Kämpfen überzog und so hohe Steuern eintrieb, dass den Menschen kaum etwas zum Leben blieb. »Feuersaat« wurde er vom Volk genannt, seine Söldner brannten viele Höfe nieder und vertrieben die Bewohner. Als nun auch noch lange andauernder Regen für Missernten sorgte, wurde das Brot so teuer, dass man es mit Gold aufwog, und die Menschen aßen Suppe aus Baumrinde und Waldwurzeln. Damals wurde mancher Bauer zum Bettler.

So zog auch ein armer Mann durch die Dörfer an der oberen Oste, um Essen zu erbetteln. Aber überall, wo er fragte, wurde er fortgeschickt.

Hungrig kam er nach Kalbe. Auch dort hatte er schon vergeblich an viele Türen geklopft, bis er zu Pagels Hof kam, wo er abermals seinen Spruch aufsagte. Der Bauer hatte Mitleid mit dem armen Mann, und obwohl er selbst kaum noch Vorräte hatte, holte er ein Brot und gab es dem Bettler. Der dankte ihm herzlich und wünschte ihm Gottes Segen, und zur Bekräftigung seiner Worte stieß er seinen Bettelstab in den Boden.

Aber als er den Stab aus der Erde zog, entsprang an dieser Stelle eine Quelle. Es dauerte nicht lange, und es wuchsen bunte Blumen und grünes Gras am Wasser.

Der Bauer sah darin ein Zeichen des Himmels, und wirklich brachte das nächste Jahr eine reiche Ernte. Das Wunder sprach sich herum, und bald erschienen Bauern und Kornhändler, um aus dem Verhalten der Quelle zu erfahren, wie die nächste Ernte ausfallen würde.

Seit dieser Zeit gab es immer genug Brot zu essen.

Auch heilkräftige Wirkung wird Quellen zugesprochen. Die folgende Sage aus Freyersen erhebt den mahnenden Zeigefinger und erzählt, was geschieht, wenn man es am nötigen Dank mangeln lässt.

Der Heilquell bei Freyersen

Im Ostetal bei Freyersen sprudelte in alter Zeit eine klare Quelle. Sie galt als heilkräftig. Aus allen Richtungen pilgerten Kranke herbei, um das Wasser zu trinken und gesund zu werden. In der Nähe der Quelle wurde eine kleine Kirche gebaut, in ihr konnten die Wallfahrer Gott um Genesung bitten und auch für ihre Heilung danken.

Es dauerte aber nicht lange, da fanden sich an diesem Ort auch Menschen ein, die mit allerlei weltlichen Freuden ihr Geld verdienen wollten. Es geschah immer öfter, dass die Menschen in dem glücklichen Gefühl, geheilt zu sein, die Kirchenglocke überhörten und sich mit Tanz, Spiel und anderen irdischen Freuden vergnügten, statt Gott zu danken.

Da hörte die Quelle auf, klares Heilwasser zu spenden, der Zulauf der Wallfahrer blieb aus und die Kirche verfiel. Heute quillt nur noch ein trübes Rinnsal aus dem Boden hervor. Aber vielleicht kann man eines Tages die Heilkraft des Wassers wieder nutzen.

Auch Brunnen werden besondere Eigenschaften zugeschrieben. In Wittorf weiß man noch vom »Hermannsbrunnen« bei Grapenmühlen zu erzählen, der selbst in der größten Dürre nicht trocken fiel. Ein Mensch namens Hermann soll sich in ihm ertränkt haben. In Brockel im Pfarrgarten stand ein Brunnen, der eine unheimliche Bewohnerin hatte.

Der Unglücksbrunnen im Pfarrgarten

Im Pfarrgarten in Brockel stand vor vielen Jahren ein Brunnen. Der Brunnenschacht war aus Feldsteinen aufgesetzt, und über der Erde befand sich ein hölzernes Geländer. Das Wasser wurde mit Hilfe einer Wippe, an der eine Stange mit einem Eimer befestigt war, aus der Tiefe geholt. Wenn das Wasser sehr hoch stand, konnte man es auch von Hand schöpfen. Dazu musste man sich aber weit über das Geländer beugen. Solche Brunnen gab es viele in den Dörfern, aber mit dem in Brockel hatte es eine besondere Bewandnis.

In ihm wohnte eine Wassermuhme, die unglückliche Menschen verlockte, zu ihr ins Wasser zu kommen. Die Leute im Dorf wussten von der Bewohnerin des Brunnens und warnten ihre Kinder, sich über das Geländer zu beugen.

Unter den Mägden des Pfarrhauses war einmal ein junges Mädchen, das immer fröhlich und gut gelaunt war. Jeder mochte es gern, selbst dem sonst sehr ernsthaften Pastor gefiel es, wenn das Mädchen bei der Arbeit sang und trällerte. Und zum Singen hatte sie auch jeden Grund, so schien es. Sie hatte einen Bräutigam, den sie liebte, die Aussteuer war fertig, der Tag der Hochzeit festgelegt und das Aufgebot hing in einem Kasten vor der Kirche aus, dass jeder es lesen konnte.

Der gewissenlose Bräutigam hatte es sich aber in letzter Minute anders überlegt und einer reichen Bauerntochter aus dem Nachbardorf die Ehe versprochen.

Das Dienstmädchen vom Pfarrhof verlor ihre Fröhlichkeit, man hörte sie nicht mehr singen, sie schlich blass und mit verweinten Augen durch das Haus. Alle Leute hatten Mitleid mit ihr und verurteilten das Verhalten des treulosen Bräutigams, das konnte die Magd aber nicht trösten. Jeden Abend lief sie zu dem Kasten, in dem der Aufgebotsschein gehangen hatte, aber der war verschwunden. Sie musste einsehen, dass ihre Liebe verraten worden war. Da vernahm sie das Rufen der Wassermuhme.

Mitten in der Nacht hörten die Nachbarn einen herzzerreißenden Schrei, und am nächsten Morgen fand man die Holzschuhe der Magd, die vor dem Brunnen standen. Die Wassermuhme hatte sich ihr Opfer geholt. Aber manche Dorfbewohner munkelten, das Mädchen habe doch keine Ruhe gefunden. Man habe sie abends zur Kirche gehen und vor dem Kasten mit den Aufgeboten der Hochzeitspaare stehen sehen. Nach einer Weile schleiche sie zurück zum Brunnen.

Es waren etliche Jahre vergangen, und die Geschichte von der unglücklichen Braut geriet langsam in Vergessenheit. Da kam wieder einmal ein neues Dienstmädchen auf den Pfarrhof. Sie war groß und stark und die Arbeit ging ihr gut von der Hand. Wenn sie Wasser vom Brunnen holte, hängte sie den Eimer bei hohem Wasserstand nicht erst an die Wippe, sondern beugte sich über das Geländer und zog mit den Armen den gefüllten Eimer empor. Wenn die Leute sie vor der Wassermuhme warnten, lachte sie nur.

Im Pfarrhaus war es nicht gern gesehen, wenn das Gesinde zum Tanz und anderen Vergnügungen ging. Das Dienstmädchen hielt sich auch daran. Nur einmal ging sie mit den anderen Mädchen im Dorf zum Tanzen, und am nächsten Morgen fand man ihre Leiche im Brunnen.

Ostern war in früheren Zeiten der Termin, an dem die Knechte und Mägde ihre Dienstherrschaft wechselten. Die erste Stelle traten die jungen Leute nach der Konfirmation an. Vielen ist der Abschied von Zuhause, von Eltern, Geschwistern und Freunden schwergefallen. Oft mussten sie weit entfernt vom Elternhaus arbeiten.

So kam zum Dienstbotenwechsel ein Mädchen ins Pfarrhaus, dem der Abschied von der Familie besonders schwergefallen war. Am schlimmsten war es für sie, dass sie sich von ihrer Zwillingsschwester trennen musste. Ihr Heimweh wollte gar nicht vergehen und sie konnte sich in Brockel nicht eingewöhnen.

Es wurde nur schlimmer, nachdem sie einmal ihr Dorf besuchen konnte. Aber sie musste wieder zurück auf den Pfarrhof, ihr Vater redete ihr gut zu und schickte sie wieder auf den Weg.

Das Mädchen suchte sich oft Arbeit im Garten, sie grub und harkte, pflanzte und holte Wasser aus dem Brunnen. Dabei blieb sie häufig lange an ihm stehen und schaute in die Tiefe.

Eines Morgens war ihr Bett unberührt. Voller böser Ahnungen lief man zum Brunnen und fand sie tot im Wasser. Die Wassermuhme hatte sich ihr drittes Opfer geholt.

Den Brunnen gibt es nicht mehr, man hat ihn schon vor vielen Jahren zugeschüttet.

Kirchen

Viele Sagen beschäftigen sich mit der Gründung und dem Bau von Kirchen. Manchmal ging es auch beim Bau von Gotteshäusern nicht mit rechten Dingen zu, und die Wahl des Bauplatzes folgte oft keinen rationalen Überlegungen. Ein Hufabdruck war in Wilstedt ausschlaggebend für den Kirchenbau.

Die Gründung der Kirche in Wilstedt

Über die Gründung der Kirche in Wilstedt gibt es folgende Sage, die in einem Visitationsbericht aus dem Jahr 1664 erwähnt sein soll: Einst sei ein Graf von Oldenburg in Wilstedt mit seinen Feinden zusammengestoßen. Er habe Gott um ein Zeichen gebeten, ob er den Kampf gewinnen würde. Da drückte sich das Hufeisen seines Pferdes in dem Stein ab, auf dem es gerade stand. Der Graf besiegte seine Feinde, und ließ an der Stelle, an der sich der Stein mit dem Abdruck befand, eine Kirche errichten. Auch schenkte er der Kirche Ländereien.

In Sottrum überließ man die Wahl des Bauplatzes einem Rind. An anderen Orten konnte es auch ein Pferd sein.

Die St. Georgskirche in Sottrum

Nachdem die Menschen in Sottrum zum Christentum bekehrt worden waren, wollten sie eine Kirche bauen, in der Gottes Wort verkündet werden sollte. Aber wo? Ein Gottesurteil sollte die richtige Stelle zeigen. Eines Nachts ließ man einen Stier aus dem Stall und wartete, wo er sich hinlegen würde. Dort sollte die Kirche errichtet werden. Am Morgen fand man den Stier. Er lag in einer sumpfigen Niederung an der Wieste. Die Sottrumer wunderten sich, aber sie betrachteten dies als eine Fügung Gottes. Sie machten sich an die Arbeit und begannen, Sand herbeizuschaffen und den Sumpf damit aufzufüllen. Aber am nächsten Morgen war der ganze Sand fortgeblasen. Das hatte ein furchtbarer Drache getan, der in dem Sumpf hauste. Alle Arbeit war vergebens gewesen. Da beteten die Menschen zum heiligen Georg, dem Drachentöter. Der kam den Sottrumern zu Hilfe und tötete den Drachen. Jetzt konnte der Hügel aufgeschüttet werden. Auf diesen baute man aus Findlingen und Feldsteinen die Kirche. Zum Dank für die Hilfe weihten die Menschen die Kirche dem heiligen Georg.

Wie Schlösser, so konnten auch Kirchen im Erdboden versinken. Das Warum wird in der folgenden Erzählung allerdings nicht geklärt.

Die versunkene Kirche

Rechts am Weg von Steinfeld nach Nartum liegt eine leichte Senke. Wenn es ganz still ist, an einem schönen Sommerabend oder in einer klaren, kalten Winternacht, ist es, als ob aus der Tiefe ein Glockenläuten zu hören ist. Eine alte Sage berichtet, dass hier einst eine Kirche gestanden hat. Das ist schon lange her.

Aber eines Nachts öffnete sich die Erde und die Kirche versank in der Tiefe. Nicht einmal der Kirchturm war mehr zu sehen. Warum dies geschehen war, konnte niemand erklären.

Beim Bau der Kirche in Sittensen hatte sogar der Leibhaftige seine Hände im Spiel. Ein kluger Baumeister hat seine Chance erkannt und die Eitelkeit des Teufels zu seinem Vorteil genutzt.

Der Kirchbau zu Groß-Sittensen und der Teufel

Am Kirchhof in Sittensen lag früher ein mächtiger Granitblock. Manche erzählen, damit habe ein Riese den Kirchturm einwerfen wollen, andere sagen, es sei der Teufel gewesen. Als die Kirche in Sittensen gebaut wurde und das Fundament bereits fertig war, so erzählt man, kam der Teufel zufällig an der Baustelle vorbei und fragte den Baumeister, was für ein Gebäude das werden solle.

»Ein Wirtshaus mit Ausguck!«, gab der pfiffige Baumeister zur Antwort. Er hatte den Teufel sofort erkannt.

»Oh«, sagte der Teufel, »das soll ja wohl was ganz Feines werden?«

»Das kannst du wohl sagen«, erwiderte der Baumeister, »je größer es wird, desto besser für dich!«

»Na, wenn das stimmt, will ich auch bei der Arbeit helfen!«, sagte der Teufel erfreut.

Der Baumeister stimmte zu und machte mit dem Teufel ab, dass er ihm noch in derselben Nacht die Mauern hochziehen und das Dach darauf setzen solle. Als die Maurer Feierabend gemacht hatten und es dunkel geworden war, ging auf der Baustelle ein gewaltiges Rumoren los, und eine halbe Stunde nach Mitternacht hatte der Teufel die Mauern fertig, genau nach den Plänen des Baumeisters. Als die Helfershelfer des Teufels aber das Dach daraufsetzen wollten, kamen dem Teufel Bedenken.

»Das wird doch im Leben kein Wirtshaus, das kann mir keiner erzählen«, sagte er zu seinen Leuten. Sie besahen sich den Bau noch einmal genau von allen Seiten.

»Das ist eine Kirche! Das ist eine Kirche!«, riefen alle Unterteufel wie aus einem Mund. Da wurde der Teufel so wütend, dass er nach einem großen Stein griff, um damit sein Werk zu zerstören. Aber kaum hatte er zu einem mächtigen Wurf ausgeholt, da schlug die Uhr die erste Stunde nach Mitternacht, und der Teufel hatte keine Macht mehr. Der Stein fiel neben der Kirche zu Boden und blieb dort noch viele Jahre liegen.

Ganz handfest ging es beim Bau der Kirche in Brockel zu. Übernatürliche Kräfte hatten ausnahmsweise ihre Hände nicht im Spiel.

Der Steineklau in Brockel

Im Kirchspiel Brockel war man sich darüber einig, dass ein neues Gotteshaus gebaut werden sollte, doch über den Ort, wo die neue Kirche stehen sollte, bekam man sich so richtig in die Haare. Die Brockeler sagten, sie müsse an der gleichen Stelle wie die vorige Kirche errichtet werden, nämlich in Brockel, die Botheler waren jedoch der Meinung, dass die Kirche von Brockel nach Bothel verlegt werden solle, da Bothel schließlich das größere Dorf sei. Aber die Mehrzahl der Bürger aus Brockel, Hemslingen, Söhlingen, Trochel und Bellen stimmte für Brockel. Die Botheler zogen beleidigt nach Hause.

Nachdem am Bauplatz alles Baumaterial – Feldsteine, Holz, Lehm, Sand – zusammengebracht war, sollte es mit dem Bau losgehen. Aber als die Leute am nächsten Morgen mit der Arbeit beginnen wollten, war der Schrecken groß: Der Platz war leer, alles Baumaterial, sogar das Handwerkszeug war verschwunden.

Ein wandernder Handwerksbursche klärte das Geschehen auf. Er war aus Richtung Visselhövede gekommen und hatte sich abends unter der Wiedaubrücke schlafen gelegt. Mitten in der Nacht war er von lautem Gepolter hochgeschreckt. Die Botheler hatten das Baumaterial über die Brücke geschafft und wollten diese jetzt zerlegen, um das Diebesgut zu schützen. Als sie den Handwerksburschen entdeckten, boten sie ihm fünf Taler, Schinken, Brot und Wein für sein Schweigen. Die Brockeler belohnten ihn noch einmal für seinen Bericht. Er zog in Richtung Hamburg weiter.

Mit Waffen, Pferd und Wagen zogen die wütenden Brockeler nach Bothel und holten sich das Baumaterial für die Kirche zurück. Das Kriegsbeil wurde schnell begraben und man ging gemeinsam an den Bau der Kirche.

Der Handwerksbursche soll auf seinem Weg nach Hamburg in Insel ein Mädchen kennengelernt und sie geheiratet haben. Es heißt, er soll dort Dorflehrer geworden sein.

Riesen und Zwerge

Wenn sich unsere Vorfahren etwas nicht erklären konnten, bemühten sie oft Riesen oder Zwerge als Ursache für rätselhafte Dinge. Manchmal gelang die Arbeit wie von selbst, an anderen Tagen war alles mühsam … da hatte dann das kleine Volk die Hände im Spiel. Um sich die Zwerge gewogen zu machen, stellten die Leute gern abends ein Schälchen mit Brei vor die Tür. Das war am nächsten Morgen leer. Wer, außer den Zwergen, konnte es gegessen haben? Aber wehe, die kleinen Leute fühlten sich gestört!

Der Geselle und seine Zwerge

In dem Dorf Tiste bei Sittensen lebte einst ein Wagenbauer mit Namen Möhrmann. Er war ein guter Handwerker. Obwohl er einen Gesellen angestellt hatte, wuchs ihm doch oft die Arbeit über den Kopf, besonders in Zeiten ohne Regen, dann lockerten sich die Speichen an den Wagenrädern. Wenn dann alle Leute ihre Wagen repariert haben wollten und kein Einsehen hatten, dass nicht alles auf einmal zu schaffen war, konnte der Meister ziemlich ungehalten werden. Dem Gesellen war das Schimpfen der Leute zu viel, und obwohl er sich sonst gut mit dem Meister verstand, machte er sich auf die Wanderschaft. Nun war für den Wagenbauer guter Rat teuer. Woher sollte er so schnell einen neuen Gesellen bekommen, wo doch die meisten im Sommer auf der Walz waren! Aber nach einigen Tagen kam ein wandernder Geselle an seine Tür und fragte nach Arbeit. Möhrmann nahm ihn in Dienst, wies ihn aber darauf hin, dass der ganze Hof voller Wagen und Pflüge stünde. Arbeit war also im Übermaß da.

Der Geselle erwiderte: »Das ist mir gerade recht.«

»Warum bist du denn auf Wanderschaft?«

»Weil ich dem Meister zu viel gearbeitet habe, vor allem in der Nacht«, antwortete der Geselle.

»Wie heißt du denn?«

»Brümmer heiße ich mit Nachnamen, und meine Mutter sagt August zu mir«.

»Ich denke, wir werden uns vertragen, August Brümmer. Komm, lass uns erst einmal etwas Essen.«

Jetzt hatte Meister Möhrmann wieder Hilfe in seiner Werkstatt. Und so etwas an Arbeitskraft und Arbeitswut hatte er noch nicht erlebt. Wenn früher auch schon ein Geselle von morgens früh bis abends spät in der Werkstatt geschafft hatte, so stand August sogar des Nachts wieder auf und arbeitete, wenn der Mond hell genug schien. Meister Möhrmann fragte, ob er mondsüchtig sei, aber August Brümmer erwiderte nur, man solle ihn machen lassen, die Nachtarbeit sei ihm angeboren. Meister und Meisterin sollten sich in ihrer Nachtruhe nicht davon stören lassen. Schaden hätten sie von seiner Arbeit schließlich nicht. – Es schien sogar so, als ginge dem Gesellen die Arbeit nachts besser von der Hand als am Tag. Dem alten Möhrmann war es recht, und seine Kunden waren auch zufrieden. Der Geselle bekam sogar einen Taler Wochenlohn mehr.

Aber solche unverwüstliche Arbeitskraft hatte der Meister bislang nicht gesehen, und mit der Zeit erschien ihm die Arbeit seines Gesellen doch unheimlich. Eines Nachts im Herbst, als der Sturm die letzten Blätter von den Bäumen fegte und die Wolken vor dem Vollmond dahinjagten, konnte der alte Möhrmann nicht schlafen. Aus der Werkstatt klang ein Lärm, wie er ihn nie zuvor gehört hatte. Es hörte sich an, als ob der Geselle hundert Hände hätte. Der Bohrer knarrte, die Säge schnarrte, der Hobel knirschte und der Hammer klopfte.

»Es ist doch sonderbar«, sagte Möhrmann zu seiner Frau, »dass der Brümmer so wenig Schlaf braucht. Was er in einer Nacht fertig bekommt, schaffe ich in zwei Tagen nicht. Wenn er nicht sonst ein ordentlicher Mensch wäre, könnte man auf dumme Gedanken kommen. Aber er säuft nicht, flucht nicht und ist auch kein Schürzenjäger.«

»Aber beten tut er auch nicht«, sagte die Frau Meisterin. »Wenn du vor dem Essen das Tischgebet sprichst, faltet er zwar die Hände, aber er betet nicht mit. Das sehe ich seinen flackernden Augen an. Und als das furchtbare Gewitter tobte und wir den Wettersegen beteten, da ist er nach draußen gegangen und hat sich die Blitze angesehen. Irgendwas ist nicht richtig mit dem Kerl. Mir wäre es am liebsten, wenn wir ihn auf gute Art loswerden könnten.«

Auch Möhrmann war nachdenklich geworden.

»Ich will doch mal aufstehen und nachschauen.«

Auf Socken schlich er zur Werkstatt. Der Mond schien hell in die Fenster. Durch das Guckloch in der Tür konnte er die ganze Werkstatt überblicken, und was er da sah, jagte ihm den Schauder über den Rücken. Mit weichen Knien schlich er zurück und verkroch sich zitternd wieder unter der Decke.

»Oh Mutter! Der liebe Gott möge verhüten, dass ich so etwas noch einmal sehen muss! Die ganze Werkstatt ist voll von Leuten, lauter kleine Kerle mit langen Bärten. Einige machen Felgen, andere machen Speichen, noch andere bohren Löcher. Und mitten auf der Hobelbank sitzt dieser Unglücksmensch, der Brümmer, und raucht seine Pfeife, als ob alles in Ordnung wäre.«

Frau Möhrmann stöhnte: »Das ist mir zu unheimlich!«

Am nächsten Morgen sah Möhrmann, dass der Geselle in der Nacht vier Wagenräder fertig gemacht hatte.

»Nun mag liegen bleiben, was nicht fertig wird, aber mit Hexerei will ich nichts zu tun haben.«

Der Geselle war ihm unheimlich geworden, und er traute sich nicht, etwas zu sagen. Aber nach dem Frühstück kündigte der Meister Brümmer den Dienst. Der nahm es gar nicht übel.

»So etwas habe ich schon erwartet«, sagte er, »die Kleinen haben mir verraten, dass Ihr in die Werkstatt geschaut habt. Bei meinem vorigen Meister ist es mir genauso ergangen. Die Heinzelmänner folgen mir seit meiner Geburt, und ich mag sie nicht kränken.«

Der Geselle ging noch am gleichen Tag wieder auf Wanderschaft.

Auf Meister Möhrmanns Arbeit ruhte auch weiterhin Segen, aber die Kunden mussten sich nun wieder wie früher in Geduld üben.

Viele Erscheinungsformen in der Landschaft erklärte man sich früher mit dem Wirken von Riesen. Wer sollte sonst die großen Findlinge, die auf der Heide lagen, dorthin gebracht haben? Und die großen Steingräber waren bestimmt von Riesen für Riesen gemacht.

Riesen im Rotenburger Moore

Mächtige Riesenkönige herrschten in alten Zeiten in den Ländern des Nordens. Auch in der Umgebung der heutigen Stadt Rotenburg lag so ein Reich eines Riesen. Aber damals sah die Gegend noch anders aus. An Stelle der Moore erstreckten sich damals blumige Wiesen und saftige Weiden. Dort weideten die Schafe und Rinder des mächtigen Riesenkönigs. Seine Nachbarn waren deswegen neidisch. Gern hätten sie auch sein Gebiet besessen. Deshalb überfielen sie ihn eines Tages heimtückisch. Einige schleuderten ungeheure Steinblöcke, die sie auf der Heide gefunden hatten, nach ihm, während andere seine Herde davontrieben.

Aber der Körper des Riesen war kräftig, seine Feinde schafften es nur, ihn mit den geschleuderten Steinen zu betäuben. Sie mussten seine Rache fürchten, wenn er wieder zu sich kam. Da verfielen sie auf einen teuflischen Plan. Sie gruben ein tiefes Loch in die Erde, legten den bewusstlosen Riesen hinein und warfen die lockere Erde wieder auf ihn. Dann leiteten sie noch die nahen Wasserläufe der Wümme und Hamme und einiger kleinerer Gewässer über die Stelle, an der sie den Riesen vergraben hatten. So glaubten sie, ihren Raub in Sicherheit gebracht zu haben.

Als der Riese erwachte, versuchte er, die Erde und das Wasser abzuschütteln, aber dazu reichte seine Kraft nicht. Doch von seinen Bewegungen erzitterte der Boden, er hob und senkte sich, die Flüsse traten über ihre Ufer. Dadurch versumpfte der Boden, und aus den Wiesen und Weiden wurden unzugängliche und unfruchtbare Moore.

Auch heute noch liegt der Riese unter der Erde. Von seinen mächtigen Atemzügen hebt und senkt sich das Moor, deswegen kommt es immer wieder zu Überschwemmungen des Wümme- und Hammegebietes. Und muss der Riese einmal husten oder niesen, steigen Blasen aus dem Wasser auf. Manchmal sieht man auch den Widerschein seiner funkelnden Augen als Irrlichter über dem Moor leuchten.

Tiere

In vielen Sagen spielen Tiere eine Rolle. Katzen sind oft Begleittiere von Hexen, aber in der folgenden Geschichte ist es Frau Holle, die sich um das Wohlergehen der Samtpfoten sorgt:

Frau Holle im kleinen Loh

In alten Zeiten war das kleine Loh mit großen Eichen und Buchen bewachsen. Im Nordosten und Nordwesten lagen sieben Berge; einer war groß, zwei mittel und vier klein. Dort war das Reich von Frau Holle. Mit ihrem Wagen, vor den sie sieben weiße und sieben schwarze Katzen gespannt hatte, fuhr sie oft nach Westervesede. Sie sah nach, ob die Mädchen die Katzen auch gut gefüttert hatten. War sie zufrieden, versprach sie gutes Wetter zum Hochzeitstag.

So sagten die Westerveseder, wenn es bei einer Hochzeit regnete: »Die Braut hat die Katzen wohl nicht gut gefüttert!«

Hunde, vor allen Dingen schwarze, werden oft mit dem Bösen in Verbindung gebracht.

Der Hund auf der Horst

Zwischen Nindorf und Hatzte ist ein Stück Land, das »auf der Horst« genannt wurde.

Dorthin wagte sich nach Einbruch der Dämmerung niemand mehr. Die Leute erzählten sich, dass dort ein großer dürrer Hund erscheine, der schaurig heulte. Und seine glühenden Augen sollten sich wie Feuerräder drehen. Manche behaupteten sogar, er habe vier davon im Kopf.

An einem schönen Herbstabend ging ein alter Bauer, der in Hatzte zu Besuch gewesen war, zurück nach Nindorf. Aus der Dämmerung wurde langsam Dunkelheit, da war es dem Mann, als hörte er ein heiseres Bellen, ein Hecheln und Winseln. Er schaute hinüber zu den Wiesenhecken, und da, wo sich zwei Hecken kreuzten, bemerkte er plötzlich zwei, vier,-nein sechs glühende, feurige Augen, die sich in der Dunkelheit wie kleine Feuerräder drehten. Er sah drei dürre schwarze Tiere wie hochbeinige Hunde. Er hörte, wie sie winselten und jaulten. Da kam schon einer der großen Hunde auf ihn zugesprungen. Den Bauern durchfuhr ein unheimlicher Schrecken, aber er fasste allen Mut zusammen und blieb stehen, seinen Eichenstock fest in der Hand. Auch der Hund hielt still. Der Bauer blickte ihm fest in die glühenden Augen und rief dem unheimlichen Wesen zu: »Weiche von dannen, du Höllenbrut, weiche weg von der Horst, dahin, wohin du gehörst, ins Reich des Bösen. Wir vertrauen dem ewigen Gott!«

Dem Hund sträubte sich das Fell, er heulte noch einmal schaurig auf und war plötzlich verschwunden, mit ihm auch die anderen beiden. In der Luft hing ein Brandgeruch, in den Hecken rauschte der Wind, die Blätter raschelten um die Füße des alten Bauern. Mit weichen Knien machte er sich auf den Heimweg, und er war froh, als ihm die Lichter seines Hauses entgegenschimmerten. Erst nach langer Zeit hat er erzählt, wie er dem Hund mit den Feueraugen begegnet war und wie er ihn gebannt hatte.

Seitdem hat niemand mehr den Hund gesehen, der Spuk auf der Horst war vorbei.

Eine eher passive, aber im wahrsten Sinne des Wortes kriegsentscheidende Rolle spielt ein Schwein in der folgenden Geschichte:

Das Schwein von Lauenbrück

Die Besitzer der Burgen von Lauenbrück und Burgsittensen waren verfeindet. Eines Tages zog der Herr von Sittensen nach Lauenbrück, um seinen Gegner gefangen zu nehmen. Aber die Lauenbrücker hatten ihre Burg stark befestigt. So hofften die Angreifer, die Lauenbrücker durch eine lange Belagerung auszuhungern und so in die Knie zu zwingen. Sie hätten ihr Ziel auch fast erreicht, fast alle Vorräte der belagerten Burg waren verbraucht und die eingeschlossenen Menschen dachten schon daran, sich zu ergeben. Da fiel ihnen eine List ein: Es gab noch ein einziges Schwein in der Burg. Das wurde nun jeden Morgen in den Burghof geführt und dazu gebracht, laut zu quieken und zu schreien. Die Leute aus Burgsittensen fielen auf die List herein. Sie meinten, die Lauenbrücker könnten noch jeden Tag ein Schwein schlachten und gaben die Belagerung auf, auch weil ihnen selbst die Vorräte knapp wurden.

Wald

Wald war für die Menschen früher ein unheimlicher
Ort. Im Wald lebten wilde Tiere, im Wald konnte man
sich verlaufen, im Wald versteckte sich, wer mit dem
Gesetz in Konflikt geraten war. Und wenn einem im
Wald ein Unglück geschah, konnte es lange dauern,
bis Rettung kam.

Der Musikant in der Wolfsgrube

Auch während des Dreißigjährigen Krieges
kamen Wölfe wieder in unsere Gegend. Sie rich-
teten großen Schaden unter dem Vieh der Bauern
an. Die Bekämpfung war schwer, vor allen Dingen im Wald, und wenn die Plage zu groß wurde,
veranstaltete man Wolfsjagden, an denen jeder
erwachsene Mann eines Dorfes teilzunehmen
hatte. 1763 sollen in den Wäldern um Westerholz
66 Wölfe erlegt worden sein. Die Bauern fingen
die Tiere auch in Wolfsgruben. Noch in der Zeit
um 1900 sollen sich Spuren solcher Gruben am
Bullenberg bei Westerholz befunden haben.

Einst wurde im Winter in Westerholz eine
Hochzeit gefeiert, auf der es sehr lustig zuging.
Die Gäste gingen erst spät nach Hause, und auch
die Musikanten konnten ihren Heimweg erst weit
nach Mitternacht antreten. Ein Geiger, der nach
Scheeßel wollte, kam in der Dunkelheit vom Weg

ab. Als er in der finsteren Nacht durch den dichten Wald ging, fiel er in eine Wolfsgrube. Sein Schrecken war groß, als er hörte, dass es von der anderen Seite der Grube her knurrte. Dort saß schon ein Wolf! Der Musikant gab ihm mit seiner Geige einen Schlag auf die Nase, aber dadurch hörte das Knurren nicht auf. In seiner Todesangst nahm er die Geige und fing an zu spielen. Der Wolf spitzte die Ohren, legte den Kopf in den Nacken und fing an zu heulen. Aber sobald der Musikant aufhörte zu fiedeln, hörte auch der Wolf auf zu heulen und wollte ihn anspringen. Wohl oder übel musste der Geiger weiterspielen. Die Arme wurden ihm lahm und die Finger kalt, und er blickte sehnsüchtig nach oben, ob es nicht bald hell würde. Da riss plötzlich auf der Geige eine Saite, und er musste auf dreien weiterspielen. Auch die zweite und die dritte Saite rissen, so dass das Leben des Musikanten buchstäblich noch an einer Saite hing, auf der er mit seinem Bogen herumkratzte.

Und er hatte Glück, sie hielt bis zum Morgen. Da kam der Bauer, um zu sehen, ob er einen Wolf in seiner Grube gefangen hatte. Zu seinem großen Schrecken erblickte er den Geiger, der vor Angst, Müdigkeit und Kälte halb tot war. Schnell zog ihn der Bauer aus der Grube. So ging die Geschichte für den Musikanten gut aus.

Die folgende Geschichte existiert in verschiedenen Versionen, unterschiedlich ausgeschmückt. Unstrittig ist, dass es im Trochel ein Gutshaus gegeben hat.

Das Vierergespann des letzten Gutsherrn von Trochel

Vor vielen Jahren lebte auf dem Rittergut Trochel der Edelmann Harm von Hartog. Er war bei seinen Untertanen beliebt und von seinen Standesgenossen geachtet. Der Besitz war groß, und Harm von Hartog konnte auf eine lange Ahnenreihe zurückblicken.

Lange warteten der Edelmann und seine Frau auf einen Erben, aber das Ehepaar blieb kinderlos. Als sie die Hoffnung schon aufgeben wollten, wurde ihnen doch noch ein Sohn geschenkt. Die Eltern waren überglücklich. Sie gaben ihrem Sohn den Namen Hinnerk und verwöhnten ihn nach Strich und Faden. Jeder Wunsch wurde ihm erfüllt, jede Unart wurde ihm verziehen, keiner seiner zahlreichen Streiche wurde bestraft. Auch die Diener mussten sich viel von dem Kind gefallen lassen, nicht einmal seine Amme durfte mit ihm schimpfen.

Allmählich wurde aus dem ungezogenen Jungen ein richtiger Bösewicht. Er hatte Spaß daran, Tiere zu quälen und sie leiden zu sehen. Die Knechte und Tagelöhner fürchteten sich vor dem Tag, an dem der ungeratene Sohn das Erbe seines Vaters antreten würde. Und dieser Tag kam auch bald, die Eltern starben, und Hinnerk von Hartog erbte den Besitz. Er führte ein zügelloses Leben, verprasste sein Geld mit falschen Freunden und trieb sich mit liederlichen Frauen in üblen Spelunken herum. Aber dann verliebte er sich in die schöne und freundliche Tochter seines Nachbarn und heiratete sie. Die junge Ehefrau hatte einen guten Einfluss auf Hinnerk, er wurde häuslich, kümmerte sich um seine Ländereien und vermehrte sogar den Besitz. Eine Zeit lang ging es gut, aber dann wurde der Edelmann unzufrieden. Es ging dem jungen Paar wie den Eltern vorher, sie warteten vergeblich auf Nachwuchs. Hinnerk nahm sein altes Leben wieder auf, er trieb es sogar noch schlimmer als vorher. Seine Knechte und Tagelöhner lebten in ständiger Angst vor seiner Willkür. Dann überfielen fremde Söldner das Gut Trochel, und Junker Hinnerk verlor jeden Sinn für Gerechtigkeit. Er befahl einem Knecht, der bei der Verteidigung des Gutes seine Anweisungen nicht richtig ausgeführt hatte, auf einen hohen Baum zu steigen. Dann schoss ihn der Junker hinunter. Der Knecht stürzte auf den Weg, und Tagelöhner mussten ihn im Wald verscharren.

Danach veranstaltete Hinnerk ein Saufgelage in einem Wirtshaus in Bellen. Spät kehrte er mit seinen Saufkumpanen ins Herrenhaus zurück, um dort weiter zu feiern. Er forderte seine Frau auf, an dem Gelage teilzunehmen und mit seinen üblen Freunden zu feiern. Als diese sich dagegen verwehrte, nahm Hinnerk seinen Dolch und stieß ihn seiner Frau ins Herz. Ihr Blut spritzte an Wand und Decke, sie starb in einer Blutlache auf dem Fußboden.

Jetzt war der junge Edelmann schlagartig wieder nüchtern. Entsetzt über sein Handeln rannte er fluchtartig in den Wald. Seine Zechkumpane verließen das Haus, und die Diener deckten den Leichnam ihrer Herrin mit einem weißen Laken zu.

Hinnerk lief durch den verschneiten Trochel zu dem Baum, an dem er seinen Knecht ermordet hatte. Er irrte weiter durch den Wald, bis er wieder zu seinem Gutshaus kam. Dort sah er nur den Leichnam seiner Frau unter dem weißen Laken. Wieder lief er in den Wald, wusch an einer Quelle das Blut von seinem Dolch, um diesen danach weit von sich zu schleudern. Schließlich stieg er auf einen hohen Baum, um sich mit seinem Gürtel zu erhängen. Aber der Ast brach ab, und Hinnerk stürzte in die Tiefe. Auf dem Waldboden erlag er seinen Verletzungen.

Bei hellem Mondschein suchten die Knechte ihren Herrn im Wald und fanden ihn schließlich auch. Auf einem Schlitten, der von vier Rappen gezogen wurde, brachten sie ihn nach Hause. Sein Blut tropfte in den Schnee. Der letzte Junker vom Trochel wurde neben seiner Frau begraben.

Noch lange sagten die Leute, wenn sie im Trochel auf die Spur eines verletzten Wildes trafen: »Hier fuhr das Vierergespann des letzten Gutsherrn vom Trochel durch den Wald.« Manche behaupten auch, dass der »böse Junker« und die »gute Edelfrau« sich in den zwölf Nächten[*] zeigen und späten Wanderern Tod und Unglück voraussagen.

Im Thörenwald bei Sittensen gibt es einen Weg, der Bräutigamsweg genannt wird. Wie der Weg zu dem Namen kam, erzählt eine Sage. Der Thörenwald war ein umzäuntes Jagdgebiet der adeligen Familie Schulte, deren ehemaliges Jagdschloss noch in Burgsittensen steht.

---

[*] Auch Raunächte genannt, das sind die Nächte zwischen Heiligabend und dem Dreikönigstag.

Der Bräutigamsweg im Thörenwald

Vor langer Zeit lebte in der Gegend ein Liebespaar. Das Mädchen kam aus Kalbe und der junge Mann aus Wohnste. Die beiden verabredeten sich oft heimlich im Thörenwald. Eines Tages war das junge Mädchen etwas früher an der verabredeten Stelle als ihr Liebster. Sie sah ihn schon von Weitem kommen, als plötzlich ein Mann aus dem Gebüsch sprang und ihn vor den Augen seiner Braut erschlug.

Das Mädchen lief entsetzt zum nahen Forsthaus. Aber als sie mit dem Förster zu der Stelle kam, wo ihr Geliebter lag, war von dem Mörder keine Spur mehr zu sehen. Das Mädchen bat darum, dass ihr Bräutigam im Wald begraben werden sollte, dort, wo sie sich immer getroffen hatten. Diese Bitte wurde ihr erfüllt. Seitdem heißt der Weg Bräutigamsweg.

Hexen

Der Hexenglaube war weit verbreitet und hat sich lange gehalten. Hexen wurden beschuldigt, das Vieh zu verhexen, Unwetter heraufzubeschwören, die Butter nicht fest werden zu lassen, die Ernte zu vernichten, sich in Tiere zu verwandeln, Liebeszauber zu verrichten … zur Erlangung dieser Fertigkeiten hatten sie, so glaubte man, ihre Seele dem Teufel verschrieben.

Die Hexe von Jeersdorf

An einem einsamen Heideweg bei Jeersdorf im Amt Rotenburg stand vor langer Zeit eine Kate, die von Holunder- und Wacholderbüschen umgeben war. Dort wohnte eine alte Frau, von der es hieß, dass sie eine böse Hexe sei. Aus allen möglichen Wurzeln, Kräutern und Beeren braute sie geheimnisvolle Tränke und rührte Salben an, von denen man nicht genau wusste, was damit geschah. Manche Leute munkelten, dass sie das, was sie so herstellte, an junge Mädchen verkaufte, die aus Eifersucht mit Hilfe von Zaubertränken ihren Liebsten an sich binden oder gar einer anderen ihren Bräutigam abspenstig machen wollten. Es hieß auch, dass die Hexe selbst jungen Männern nachstellte und bei Festen Gelegenheiten suchte, ihnen etwas von ihren Liebestränken in das Bier zu gießen.

So hatte sie es einmal auf einen jungen Mann aus Scheeßel abgesehen, der mit einem Mädchen aus Westerholz verlobt war. Bei einem Tanzfest in Jeersdorf versuchte sie, an ihn heranzukommen, aber es gelang ihr nicht, ihren Zaubertrank in sein Bier zu schütten. Sie musste zusehen, wie der junge Mann mit seiner Braut über die Diele tanzte. Da beschloss sie, sich auf Hexenart zu rächen.

Als das Fest vorbei war, machte sich das junge Paar auf den Heimweg. Da bemerkten die beiden, dass ein großer, schwarzer Hund um sie herumstrich. Er zog immer engere Kreise und stellte sich schließlich knurrend und zähnefletschend vor ihnen auf, so dass sie nicht weitergehen konnten. Der Hund ließ sich nicht vertreiben. Schließlich trat der junge Mann mit dem Fuß nach dem Tier und traf es mit seinem Absatz an der Stirn. Der Hund heulte auf, aber es klang wie der Schrei eines Menschen. Dann war er verschwunden.

Am nächsten Tag sah man die Hexe in Jeersdorf. Sie hatte eine Wunde auf der Stirn, die genau die Form eines Stiefelabsatzes hatte.

Hexen hatten es mit Vorliebe auf das Vieh der Bauern abgesehen, denn der Viehbestand machte den

Wohlstand eines Hofes aus. Die Bauern kannten aber auch Mittel, um ihre Tiere vor dem Bösen Blick der Hexen zu schützen.

Eines Tages fuhr ein Bauer aus Jeersdorf mit seinem Fuhrwerk auf das Feld. In der Ferne sah er eine Frau, die sich nach Kräutern bückte. Natürlich erkannte er die Hexe. Als diese den Bauern mit seinem Pferdegespann erblickte, kam sie auf ihn zu. Der Bauer ahnte, was sie im Sinn hatte, sprang von seinem Wagen, riss seine Mütze vom Kopf und ließ die Pferde in das Innere seiner Kopfbedeckung blicken. So schützte er sie vor dem Bösen Blick der Hexe, die auch schon ihre Beschwörung murmelte:

> »Een is een un twee is twee.
> Luft un Water, de sünd free.
> Vör Ützen, Donnersteen un Mahn
> blifft Spaanwark stur op'n Felln bestahn.«

Aber der Zauber blieb wirkungslos, weil ihr Blick nur die Mütze traf und nicht die Augen der Pferde. Und sowohl die Kröten (Ützen), als auch der versteinerte Seeigel (Dunnersteen) und der Mohn (Mahn) sind ohne den Bösen Blick harmlos.

Ihre Hexenkunst hatte die Alte schon als junges Mädchen gelernt. Damals hatte ihr ein junger hübscher Bauernsohn den Hof gemacht. Sie war sehr eifersüchtig, und um ihn an sich zu fesseln, hatte sie von einer alten Frau die Kunst der Hexerei erlernt. Ihr Verehrer schöpfte aber Verdacht und trennte sich von ihr, denn mit einer Hexe wollte er nichts zu tun haben. So hatte sie das Gegenteil dessen erreicht, was sie eigentlich gewollt hatte.

Seitdem sann sie auf Rache.

Bei einem Tanzfest in Riepe trafen die beiden wieder zusammen. Sie drohte ihm, er müsse rückwärts nach Hause gehen, wenn er sich nicht wieder mit ihr vertragen würde. Der junge Mann blieb aber bei seiner Ablehnung und lachte über ihre Drohung. Als das Fest vorüber war, wollte er noch einen Schluck Wasser am Brunnen trinken, bevor er sich auf den Heimweg machte. Aber da stellte sich ein großer, schwarzer Hund vor ihm auf, fletschte die Zähne und wollte ihn anfallen. Der junge Mann mochte das Tier nicht aus den Augen lassen. So musste er rückwärts nach Hause gehen.

Als diese Geschichte bekannt geworden war, konnte die Hexe nicht mehr in Jeersdorf bleiben, weil jeder wusste, womit sie sich eingelassen hatte. Sie zog in die alte Kate in der Heide.

Hexentanzplätze gibt es nicht nur im Harz, auch in unserer Region sind einige solcher Orte überliefert, unter anderem bei Visselhövede. Das Waldstück

Krähenheister hat allerdings viel seiner ursprünglichen Größe eingebüßt. Nachdem 1795 ein großer Teil Visselhövedes abgebrannt war, schlug man das Bauholz für den Wiederaufbau im Krähenheister.

Der Hexentanz im Wald bei Visselhövede

Es ist schon viele Jahre her, da lebte in Visselhövede ein junger Mann, dem vor nichts bange war. Da haben ihm die Leute gesagt, wenn er lernen wollte, was Angst ist, müsse er in der Walpurgisnacht zum Krähenheister gehen. Dort könne er etwas erleben.

In der Nacht zum ersten Mai, noch ehe die Kirchturmuhr zwölf schlug, machte er sich auf den Weg. Als er in den Wald kam, waren da viele Hexen. Die tanzten auf ihren Besenstielen. Als sie ihn bemerkten, kamen sie auf ihn zu und fragten, was er denn dort wolle. Dann zerrten sie ihn in ihren Kreis und erzählten ihm, dass er in der Walpurgisnacht alles tun müsse, was sie von ihm wollten. Nun musste er sie alle auf dem Rücken tragen und mit ihnen im Kreis durch den Wald tanzen. Er schwitzte und er ächzte und sein Rücken tat ihm weh und wurde immer krummer. Aber die Hexen hatten kein Mitleid mit ihm, und er musste tanzen, bis der Morgen graute. Als die Sonne aufging, kroch er auf allen Vieren nach Hause, und sein Rücken blieb sein Leben lang krumm.

Gefürchtet waren Hexen, die in die Ställe gingen, um das Vieh des Besitzers mit dem Bösen Blick krank zu machen. Es gab allerdings auch Abwehrzauber:

»Eine gewisse Kunst das dir keine Hexte ins Haus oder Stall kommen kann, zapfe aus weiss ehornhoz den Sapf heraus, und schlage es in alle Thüren oder Schwellen So kommt keine Hexte herein, und wenn eine im Hause ist, Komt sie nicht heraus.«

Die Hexe und der Bauer

In der Nähe von Visselhövede lebte einmal ein Bauer, der zwei Schweine hatte. Die wollte er am nächsten Tag schlachten. Als er abends auf seinem Hof stand, kam seine Nachbarin, eine alte Frau, zu ihm und fragte: »Du willst doch morgen schlachten. Kann ich mir deine Schweine mal ansehen?«

Der Bauer hatte keinen Grund, diese Bitte abzulehnen. Die Alte besah sich die Schweine und ging dann wieder nach Hause. Als der Bauer am nächsten Morgen in den Stall kam, lagen beide Schweine tot da. Der Bauer dachte sich seinen Teil. Und als die Nachbarin ein paar Tage später wieder auf den Hof kam, riss der Bauer einen Stecken vom Zaun und versohlte sie damit nach Strich und Faden, dass sie schreiend vom Hof rannte.

Nicht lange danach wurde der Bauer krank. Einmal war ihm so heiß, dass ihm der Schweiß den Rücken hinunterlief, dann wieder war ihm so kalt, dass seine Zähne klapperten. Während es dem Bauern so schlecht ging, saß die Alte an ihrem Herdfeuer und hielt ein Hufeisen in die Flammen. Wenn das Eisen glühte, dann schwitzte der Bauer, und wenn sie das Eisen in einen Eimer mit kaltem Wasser tauchte, dann fror der Bauer. Die Alte murmelte dabei: »Mal witt, mal koolt, worüm hesst du mi versohlt?« (Mal weiß (glühend), mal kalt, warum hast du mich versohlt?)

Das hörte ein Händler, der an dem Haus der Nachbarin vorbeikam.

»Was hat die Alte nur?«, wunderte er sich.

Aber als er zu dem Bauern kam und sah, wie es ihm ging, da konnte er sich einen Reim darauf machen, und er erzählte, was er im Haus der Nachbarin gehört und gesehen hatte. Jetzt wussten alle Leute, dass die Alte eine Hexe war.

Nicht immer waren Abwehrzauber und Hexenbeschwörung erfolgreich, wie man an der folgenden Geschichte aus Farven sehen kann.

Die Hexenbeschwörung in Farven

Es ist wohl schon mehr als hundert Jahre her, da geschah es in Farven, dass es auf einem Hof nicht ganz geheuer zuging. Das Vieh und das Korn wollten nicht gedeihen, der Storch machte einen Bogen um das Haus, und obwohl die Obstbäume im Frühjahr üppig geblüht hatten, trugen sie im Herbst keine Früchte. Nachts schlichen viele Katzen um das Gebäude, und auf dem Dachfirst saß die Eule und heulte. Als sich die Bäuerin einmal von einer Wahrsagerin aus der Hand lesen ließ, erkannte diese in den Handlinien, dass der Hof verhext sei und gab den Rat, ihn besprechen zu lassen.

Nun wohnte auf der Buxtehuder Heide in einer armseligen Hütte eine alte Frau, von der man sagte, dass sie sich in solchen geheimen Künsten auskennen würde. Man holte sie mit Pferd und Wagen ab, und ihre Zaubermittel brachte sie mit: einen bunten Haselstab, einen Räuchertopf sowie alle möglichen Wurzeln und Samen von Kräutern. Um Mitternacht begann die Beschwörung. Auf dem Lehmfußboden der Diele wurde ein Kreidekreis gezogen, der Räuchertopf in die Mitte gestellt und angezündet. Dann hielt die Alte den Zauberstab über den Topf und streute die mitgebrachten Hexenmittel in die Flammen. Dabei machte sie sonderbare Zeichen und murmelte:

»Hex, Pex, Drudenfoot,
dree un söben un nägen.
Bessenries un Kattenpoot,
de wasst allerwägen.
Dönnersteen un Dullkrutrook
Driwt de Hex dör't Uhlenlock.«

(Hex, Pex, Drudenfuß,
drei und sieben und neun,
Besenreis und Katzenpfote,
die wachsen überall.
Donnerstein und Bilsenkrautrauch
Treibt die Hexe durch's Eulenloch)

Schweigend standen die Bewohner des Hauses
um den Kreis herum, denn der geringste Laut
macht eine Beschwörung wirkungslos. Dann
mussten sich alle, vom Bauern bis zur Gän-
semagd, über den dampfenden und qualmen-
den Kessel beugen. Als alle Menschen beräu-
chert waren, kamen die Tiere an die Reihe. Dem
schnatternden Gänserich wurden der Schnabel
und die Flügel zusammengebunden, damit er den
Rauch nicht wegwedelte. Nachdem es ein Uhr
geschlagen hatte, löschte die Alte das Feuer.

In der nächsten Nacht nahm man sich den
Schafstall vor, der einsam und abgelegen auf
der Heide stand. Nur der schwache Schein einer

Laterne erhellte den Stall. Wieder begann die Beschwörung wie in der Nacht zuvor, nur die Laterne stand etwas abseits vom Bannkreis.

Dem großen Schafbock kam die Zeremonie sehr sonderbar vor, außerdem biss ihm der Rauch in die Augen. Also senkte der Bock den Kopf und stürzte los, nahm die Laterne auf die Hörner, dass die Glassplitter durch die Gegend flogen. »Höi, der alte Bock!«, entfuhr es dem erschrockenen Großknecht. Aber damit war der Bann gebrochen, die Flamme des Zauberkessels erlosch.

Bevor die alte Frau am nächsten Morgen die Rückreise antrat, legte sie noch einen Besen vor die große Tür. »Die Person, die als erste über diesen Besen geht, ist die Hexe, die den Schaden angerichtet hat«, sagte sie. Aber der Großknecht hatte dies nicht mitbekommen. Und weil er Unordnung auf dem Hof nicht leiden konnte, schimpfte er deswegen mit dem Kuhjungen und gab dem Besen einen Tritt, dass er an die Seite flog. Jetzt war es unmöglich, die Hexe zu ermitteln, und sie ist bis heute unerkannt geblieben.

Oftmals wurde Hexen zur Last gelegt, dass sie entweder sich oder ihre Opfer in Tiere verwandelten.

Die Zaumreiterin von Kalbe

Auf einem Bauernhof in Kalbe arbeiteten vor langer Zeit zwei Knechte, der Großknecht und ein Kleinknecht. Der Kleinknecht war morgens immer so müde, dass er gar nicht aus den Federn finden konnte und sich immer reckte und streckte. Der Großknecht konnte das gar nicht verstehen. Deshalb sagte er eines Abends zu dem Kleinknecht: »Lass mich diese Nacht vorne im Bett schlafen, damit du an der Wand etwas mehr Ruhe hast.« Damit war der Kleinknecht gern einverstanden und legte sich hinten in das Bett, während der Großknecht vorne schlief.

Gleich in der ersten Nacht kam die Bauersfrau ganz leise in die Knechtekammer geschlichen und hatte einen Pferdezaum in der Hand. Der Großknecht, der einen leichten Schlaf hatte, erwachte sofort, sprang aus dem Bett, riss der Frau das Zaumzeug aus der Hand und legte es ihr an, als ob er ein Pferd aufzäumte. Und sofort hatte sie sich in ein Pferd verwandelt. Der Knecht führte es hinaus, schwang sich auf seinen Rücken und ritt die ganze Nacht in der Gegend umher. Gegen Sonnenaufgang hatte er genug davon und nahm dem Pferd das Zaumzeug wieder ab. Sofort stand die Bäuerin in ihrer menschlichen Gestalt vor ihm.

Danach ist die Frau nie wieder in die Knechtekammer gekommen. Es hatte ihr nicht gefallen, das Pferd zu sein, sonst war immer sie geritten.

Die Hexen von Tiste

In Tiste lebten einmal zwei Frauen, von denen jeder wusste, dass sie Hexen waren.

Einem Bauern waren zwei Pferde eingegangen. Sie wurden abgehäutet, die Kadaver wurden vergraben und die Felle legte man in den Pferdestall. Als die Knechte am nächsten Morgen in den Stall kamen, staunten sie sehr, denn die beiden Pferde standen lebendig vor ihnen. Sie gaben ihnen Hafer und Wasser, aber die Tiere fraßen und tranken nicht. Dafür schlugen sie unaufhörlich mit den Hufen an die Wand. Als der Bauer die Pferde vor den Wagen spannen wollte, merkte er, dass sie keine Eisen unter den Hufen hatten. Darum brachte er die Tiere zum Schmied. Der begann, die Hufe zu bearbeiten. Aber als er mit dem Schneiden und Brennen anfing, fingen die Pferde an, mit Frauenstimmen furchtbar zu schreien. Nun wusste jeder, was es mit den Pferden auf sich hatte, dass es die Dorfhexen waren. Sie wurden auf dem Scheiterhaufen verbrannt.

Schätze

Viele Sagen berichten von Schätzen, die nur darauf warten, gehoben zu werden. Natürlich gelingt das meist nicht.

Das Gold im Linlohsmoor

In der Franzosenzeit hat in Scheeßel einmal eine Proviantkolonne, die auf dem Weg nach Hamburg war, Quartier genommen. Einer der Wagen stand bei Eggers vor der Tür. Zwei pfiffige Scheeßeler hatten bald herausbekommen, dass es mit diesem Wagen etwas Besonderes auf sich hatte, denn die Franzosen hatten extra einen Wachposten mit Gewehr bei ihm abgestellt. Die Nacht war kalt, und als der Posten sich hinter das Haus stellte, um sich vor dem frischen Wind zu schützen, sind die beiden Scheeßeler auf den Wagen geklettert. Sie haben eine Tonne voll Gold heruntergeholt. Der Wachposten hat den Raub aber bemerkt und ist den Dieben hinterhergelaufen. Einen konnte er einholen und festnehmen, aber der andere konnte mit der Tonne entkommen. Um sie in Sicherheit zu bringen, holte er sich ein paar Leute zu Hilfe, und gemeinsam trugen sie das Gold ins Linlohsmoor, wo sie es vergruben. Als sie mit der Arbeit fertig waren, wurde es gerade hell. »Ach«, sagte einer, »wir können von hier schon den Scheeßeler Kirchturm sehen.

Dann können wir auch anders herum diese Stelle vom Turm aus wiederfinden.«

Als keine Franzosen mehr im Land waren, stiegen die Schatzgräber auf den Kirchturm, um die Stelle zu finden, an der das Gold lag. Aber vom Turm aus sah alles gleich aus, und sie konnten die Stelle nicht wiederfinden. So liegt die Tonne voll Gold heute immer noch im Linlohsmoor.

Ein Sagenmotiv, das sich oft wiederholt, ist das vom »brennenden Schatz«. An bestimmten Tagen macht ein ansonsten verborgener Schatz auf sich aufmerksam, indem er glüht. Ein schönes Beispiel einer solchen Sage kommt aus Westervesede.

Die Goldkuhle beim Großen Loh in Westervesede

Im Schönbergsmoor, am Weg von Westervesede nach Brockel, liegt die Goldkuhle. Früher hat in der Johannisnacht das Gold immer gebrannt, aber wenn es sich einer holen wollte, ist es wie Sand wieder von der Schaufel gefallen.

Einmal kam gerade in der Johannisnacht der alte Imker Peter an der Goldkuhle vorbei. Der wollte sich schon lange gern seine Pfeife anzünden, aber er hatte keine Streichhölzer dabei. Als er es nun in der Kuhle brennen sah, war ihm geholfen. Er stopfte seine Pfeife voll Tabak und setzte sie mit einer von den glühenden Kohlen in Gang. Am nächsten Morgen fand er eine goldene Münze in seiner Pfeife.

Einmal ist einer von den Schäfern aus Westervesede, als er am Johannisabend mit seinen Schafen nach Hause zog, an der Goldkuhle vorbeigekommen. Als er es brennen sah, hat er die Glut mit seiner Schafsschaufel auseinander geschmissen. Am nächsten Tag konnte er das Gold auf der Heide aufsammeln.

Danach sind noch viele Leute in der Johannisnacht zur Goldkuhle gegangen, aber niemand konnte das Gold mitnehmen.

Später hat der alte Schäfer aus Ohlenbostel Schnitjers Buur erzählt, dass man das Gold nur alle sieben Jahre in der Johannisnacht mitnehmen könne. Wenn man zur richtigen Zeit da sei und das Gold in einen Eimer tue, dürfe man nicht sprechen, bis man damit unter einem Dach sei.

Schnitjers Buur und Frers Buur haben es auch richtig getroffen, sie fanden einen ganzen Kessel voller Gold und zogen damit los. Aber da lief Hinkebein, das Gössel, hinter ihnen her und schrie die ganze Zeit: »Soll ich es wohl haben? Soll ich es wohl haben?«

Und als sie gerade vor Rahmakers Schafstall angekommen waren, platzte es aus Schnitjers

Buur heraus: »Den Teufel sollst du haben!« Da hatte er einen kaputten Kessel in der Hand und das Gold war weg, Hinkebein, das Gössel, war auch verschwunden.

Danach hat niemand mehr das Gold gesehen, und die Kuhle ist schon lange nicht mehr da.

Irrlichter, Gespenster und andere Spuk-gestalten

Man meinte, dass die Seelen von Menschen, die gewaltsam zu Tode gekommen waren oder im Leben eine schwere Schuld auf sich geladen hatten, nicht zur Ruhe kamen. Etliche Geschichten erzählen von Begegnungen mit solchen Seelen, die nach Erlösung suchen.

Die unbeerdigten Mädchen von Hetzwege

Als vor vielen, vielen Jahren in Hetzwege zwei Häuser abbrannten, sollen zwei Mädchen in den Flammen ums Leben gekommen sein. Ihre verkohlten Knochen lagen nachher am Zaun, und oben über dem Blattwerk standen zwei Lichter.

Als nun eines Abends der Lehrer hier vorbeikam, sprach er die Lichter mit den Worten an: »Alle guten Geister loben Gott, den Herrn!« Worauf sie antworteten: »Wir auch.«

Aber dann setzten sich die Lichter dem Lehrer auf die Schultern und zwangen ihn, ins Moor zu gehen. Er versuchte vergeblich, sich zu befreien. Dann betete er in seiner Angst: »Weicht, ihr Trauergeister, denn mein Freudenmeister Jesus tritt herein!« Da wichen die Lichter von seinen Schultern, und während sie verschwanden, riefen sie noch: »Beerdige unsere Knochen, und wir belästigen dich nicht wieder!« Dann waren sie nicht mehr zu sehen.

Am nächsten Tag fand die Beerdigung statt, und die Lichter erschienen nie wieder.

Der fromme Schulmeister hat sich den Lichtern gegenüber richtig verhalten, und so ging diese Geschichte gut aus. Aber wehe dem, der es solchen übernatürlichen Erscheinungen gegenüber an Respekt mangeln lässt!

Die eingefangenen Irrlichter

Zwischen Osenhorst und Wehldorf lag noch vor nicht vielen Jahrzehnten eine weite Bruch- und Heidelandschaft. Sie war an vielen Stellen, besonders wenn Regenzeit war, sumpfig und unwegsam. Über den braunen Sumpflachen tanzten des Nachts Irrlichter ihren Reigen.

Eines Tages, als es schon dämmerte, wanderte ein Bauer hier durch den Bruch. Er hatte Hühner nach Wehldorf gebracht und trug nun den leeren Sack unter dem Arm. Als er vorsichtig durch die Pfützen auf dem Weg stapfte, sah er plötzlich ein Geflimmer von kleinen Lichtern über die Gewässer huschen. Er sah sich das Reigenspiel eine Weile an und hatte plötzlich den Einfall, einige Lichter einzufangen, damit seine Leute zu Hause sie auch sehen konnten. Er hielt den Sack auf und sprang mit ihm hinter den Lichtern her. Im Nu hatte er einige von ihnen eingefangen. Schnell band er den Sack zu und ging weiter nach Osenhorst. Aber je näher er seinem Zuhause kam, desto schwerer und voller wurde der Sack. Schließlich setzte er ihn ab um nachzusehen, warum der Sack so schwer geworden war. Als er ihn aufgebunden hatte, sah er zu seinem großen Entsetzen, dass lauter blanke weiße Knochen darin waren. Plötzlich kam auch noch Leben in sie. Schwirrend und leuchtend flogen sie davon. Den Bauern packte ein unsagbares Grauen und er fiel mit einem Schrei bewusstlos zu Boden.

Seine Nachbarn fanden ihn und trugen ihn nach Hause. Zeitlebens blieb er ernst und schweigsam. Erst auf seinem Sterbebett konnte er von seinem Erlebnis mit den Irrlichtern erzählen.

In der folgenden Geschichte richten die Gespenster keinen Schaden an, allerdings soll auch sie lehren, übernatürlichen Erscheinungen Respekt zu zollen.

Gespenster auf dem Speckfeld

Einmal im Herbst hatte ein Bauer aus Vahlde etwas auf dem Amt in Rotenburg zu erledigen. Als er den Rückweg antrat, war es schon spät geworden. Weil er aber großen Hunger und auch Durst hatte, kehrte er noch bei einem Gastwirt in Scheeßel ein. Der Wirt fragte nach woher und wohin. Als der Bauer antwortete, er wolle gleich weiter nach Vahlde, sagte der Wirt: »Bleibt lieber hier, die Nacht ist niemandes Freund.«

Der Vahlder aber hatte keine Furcht.

Als er nun über den Speckfeldberg ritt, begegneten ihm allerlei Gespenster. Eines ritt auf einem Schwingbock, eines auf einem Besenstiel, das dritte aber auf dem Rand eines großen Roofs (Kornfass).

Da verließ den tapferen Vahlder aller Mut. Kurz entschlossen kehrte er wieder um und blieb die Nacht über in Scheeßel.

Die beiden folgenden Geschichten erzählen von Geistern, die als Strafe für Betrug spuken müssen.

Der Zweigenzähler

Vor vielen Jahren lebte in Kirchtimke ein Bauer, der konnte die Grenze seines Ackers nicht beachten. Ständig trieb es ihn, seinem Nachbarn die ein oder andere Furche abzupflügen. Eines Tages schlug auch ihm die Stunde, und sie brachten ihn auf Küsters Kamp. Aber er fand keine Ruhe im Grab. Wenn nachts die Uhr zwölf schlug, dann erschien er auf seinem Hof. Einmal sahen ihn seine Leute im Haus, dann wieder lief er durch den Stall oder stieg die Leiter zum Boden hinauf, man sah ihn auch auf dem Feld, wie er versuchte, die Grenzsteine wieder richtig hinzustellen.

Seine Leute erschraken jedes Mal, wenn seine Gestalt erschien, sie hätten ihm gern zur Ruhe verholfen. Aber sie wussten nicht, wie.

Da kam ein neuer Pastor nach Kirchtimke, der nicht nur beten, sondern auch bannen konnte. Als er von dem Geist auf dem Hof hörte, sagte er: »Ruft mich nur, wenn der Spuk wiederkommt.«

Eines Abends hatte die Magd bis spät in die Nacht gesponnen. Es war schon fast zwölf. Als sie nun zu Bett gehen wollte und noch einmal über die Diele sah, ergriff sie das Grauen. Da saß der Spuk, er war ganz schwarz, also hatte er Böses getan. Schnell lief die Magd zum Pastor. Der zog sich seinen Priesterrock über, nahm die Bibel zur Hand und kam mit.

Als er auf die Diele kam, schlug er dreimal ein Kreuz über dem schwarzen Geist, dreimal ging er um ihn herum und sprach dabei: »Im Namen des dreieinigen Gottes!«

Der Spuk wurde klein wie eine Krähe. Die knotete der Pastor in ein großes Taschentuch und fuhr mit ihr ins Zevener Holz. Unterwegs bekannte der Spuk, warum er keine Ruhe im Grab finden konnte.

»Über die Hölle habe ich keine Macht«, meinte der Pastor, »aber meine Leute kann ich vor dir bewahren, ich werde dich ins Zevener Holz bannen.«

»Und was soll ich dort machen?«, fragte der Spuk.

»Die Zweige an den Bäumen zählen.«

»Und wenn ich damit fertig bin?«

»Dann fängst du wieder von vorn an.«

»Und dann?«

»Immer wieder von neuem zählen, zählen, zählen, im Namen des dreieinigen Gottes.«

Als sie im Zevener Holz angekommen waren, öffnete der Pastor sein Taschentuch; die Uhr war eins und der unheimliche Spuk war verschwunden.

Seit der Zeit war es im Zevener Holz nicht ganz geheuer. Der Pastor hatte vergessen, dem Spuk die Macht zu nehmen, Leute zu erschrecken. Das wurde sein Tod. Wer sich beim Bannen versieht, auf den fällt es zurück.

Eines Nachts kam der Kirchtimker Küster um Mitternacht auf dem Heimweg durchs Zevener Holz. Auf einmal stand eine schwarze Gestalt vor ihm. Aber der Küster war ein beherzter Mann, der sich weder vor Geistern noch vor dem Teufel fürchtete. Schnell rief er: »Alle guten Geister loben Gott den Herrn!« und zog mit seinem Stock ein Kreuz in den Sand, auf das er sich stellte. Da verschwand die Spukgestalt. Aber als der Küster weiterging, hörte er es deutlich im Wald zählen: eins … zwei … drei …

Bald darauf fuhr der Pastor mit der Kutsche durch das Holz. Auf einmal schaute eine schwarze Gestalt in seinen Wagen und fragte: »Lebst du noch?«

Dem Pastor fuhr ein solcher Schrecken in die Knochen, dass er so schnell keine Antwort fand. Als er nach Hause kam, legte er sich ins Bett; er stand nicht wieder auf.

Es soll auch jetzt noch manchmal spuken im Zevener Holz, man hört es knacken, als ob einer dort schnell Zweige bricht. Aber wer ein gutes Gewissen hat, braucht sich nicht zu fürchten.

Der Geist im Linlohmoor

Unter den Scheeßeler Kaufleuten hat es vor vielen, vielen Jahren mal einen gegeben, der nicht ehrlich gewesen ist beim Wiegen und Messen. Seine Pfunde waren zu leicht und seine Ellen zu kurz. Er ist zwar dabei reich geworden, aber als es mit ihm zu Ende ging, da hat ihm sein schlechtes Gewissen keine Ruhe mehr gelassen. Wenn er nachts nicht schlafen konnte, dann jammerte er in einer Tour vor sich hin: »O mien Sünden, o mien Sünden! Korte Ehlen un lichte Pünden.« So sehr quälte ihn sein schlechtes Gewissen. Und bis zu seinem Tod hatte er keine ruhige Stunde mehr.

Als er gestorben war, haben sie ihn still begraben.

Aber als seine Leute vom Friedhof nach Hause kamen und in seine Kammer sahen, da saß er da in seinem Lehnstuhl und jammerte wieder vor sich hin: »O mien Sünden, o mien Sünden! Korte Ehlen un lichte Pünden.« In der Erde hatte ihm sein Gewissen keine Ruhe gelassen, und sein Geist musste sich weiter mit seinen alten Sünden abgeben.

Da hörten seine Leute von einem alten Mönch in Verden, der sollte Geister bannen können. Sie ließen den Mann auch kommen. Nachdem er erst einmal ausgiebig gefrühstückt hatte, sagte er: »Setzt den Geist auf einen Wagen, fahrt ihn zum Scheeßeler Holz und setzt ihn da ab.«

»Ja«, sagte der Knecht, »und wenn er dann fragt, was er da soll, was muss ich ihm dann sagen?«

»Dann sag ihm«, meinte der Mönch, »er soll die Bäume im Wald zählen, und wenn er damit fertig ist, dann muss er wieder von vorn anfangen.«

Der Knecht zog mit dem Geist los. »Schau dich aber nicht um, wenn du ihn abgesetzt hast«, rief ihm der Mönch nach, »sonst sitzt er gleich wieder auf deinem Wagen!«

Der Knecht tat, was ihm gesagt worden war und fuhr mit dem Geist ins Scheeßler Holz. Als der fragte, was er dort solle, antwortete der Knecht: »Die Bäume zählen!«

»Und wenn ich damit fertig bin?«

»Wieder von vorn anfangen«, sagte der Knecht und fuhr los.

Aber er konnte es natürlich nicht lassen und schaute sich schnell nach dem Geist um. Als er nach Hause kam, saß dieser hinten auf dem Wagen.

»Das habe ich mir gedacht«, sagte der Mönch. »Nun bringe ihn aber schnell wieder weg, und diesmal ins Linlohsmoor. Lasse ihn da die Heide zählen. Aber schau dich nicht wieder um!«

Der Knecht tat, was ihm gesagt war. Und als der Geist fragte, was er denn im Linlohsmoor solle, sagte der Knecht zu ihm: »Die Heide zählen, und wenn du damit fertig bist, dann fängst du wieder von vorne an.«

Der Knecht machte, dass er weg kam, und hat sich diesmal auch nicht umgeschaut.

Lange Jahre hat der Geist im Linlohsmoor die Heide gezählt, aber dann haben die Bauern angefangen, das Land zu kultivieren. Kaum war die letzte Heide weg, hat niemand, auch nicht im Dunkeln, den Geist wiedergesehen. Er hat endlich seine Ruhe im Grab gefunden, als es im Linlohsmoor keine Heide zum Zählen mehr gab.

Die zwölf Tage zwischen Weihnachten und dem Dreikönigstag, dem 6. Januar, waren für unsere Vorfahren eine besondere Zeit. Die »wilde Jagd«, der »Helljäger«

zog nachts, wenn es stürmte, über den Himmel, und wer dann nicht im Haus war, dem konnte leicht ein Unglück geschehen. Überhaupt hielt man Fenster und Türen geschlossen. Die Arbeit ruhte weitgehend. Der alte Flachs auf dem Spinnrocken musste abgesponnen sein, und in den »Zwölfen« wurde auch nicht gesponnen, wie sich überhaupt kein Rad – sei es vom Karren oder vom Spinnrad – drehen durfte. Auch Wäsche wurde nicht gewaschen. Tat man es trotzdem und hängte die Wäsche auf die Leine, so würde im kommenden Jahr eine Person aus dem Haus sterben, hieß es. Wenn man den Dössel, den senkrechten Balken in der Grootdöör entfernte, so gab man Wesen aus dem Gefolge des Helljägers Gelegenheit, ins Haus zu gelangen und dem Vieh Schaden zuzufügen. So saßen die Menschen abends beim Feuer, legten gezwungenermaßen die Hände in den Schoß und erzählten sich mahnende Geschichten darüber, was mit denen geschah, die diese Regeln missachteten.

Der Schneider von Tewel

In Tewel lebte einst ein armer Schneider, der saß am Weihnachtsabend im Schneidersitz auf seinem Tisch und nähte. Er war betrübt, denn nicht einmal zu diesem Fest hatte er genug zu essen für seine Kinder. Draußen tobte der Sturm, die »wilde Jagd« zog über den Himmel, und mit dem Mut der Verzweiflung rief unser Schneider dem Helljäger zu, ob er nicht wenigstens einen Kanten Brot für ihn habe.

Hätte er das bloß nicht getan! Denn augenblicklich gab es einen großen Knall, das Fenster zersplitterte und ein abgenagter Pferdefuß flog in die Stube. Dazu ertönte eine grauenhafte Stimme: »Hest'n Happen, kannst an gnappen!« (Hier hast du einen Happen, kannst du abnagen!)

Der Schneider fiel vor Schreck von seinem Tisch. Als er wieder einigermaßen zu sich gekommen war, war der Pferdefuß verschwunden. Aber durch das Fenster wehte der Wind den Schnee herein, und niemand konnte es je wieder dicht machen, weder mit Glas noch mit Brettern.

Mühlen

Auch Mühlen waren den Menschen früher nicht ganz geheuer. Meist lagen die Wassermühlen außerhalb der Dörfer, der Müller wusste die Naturgewalten zu nutzen, es knarzte und rumpelte, wenn die Mühle in Betrieb war. Und ob es beim Wiegen von Korn und Mehl immer ganz ehrlich zuging, ließ sich auch schlecht überprüfen. Die Müller waren in der Regel wohlhabend, weil sie eine Monopolstellung hatten. Das ließ natürlich auch Neid aufkeimen.

Die Mühle zu Scheeßel

Viele Menschen kennen die Mühle in Scheeßel, aber nicht jeder weiß, dass sie nicht immer an ihrem jetzigen Standort an der Wümme lag. In alten Zeiten soll sie nicht weit entfernt von der Kirche an der Beeke gestanden haben. Damals führte der Bach viel mehr Wasser, so dass er die Mühle antreiben konnte.

In der Mühle wohnten zwei Brüder. Der ältere war fleißig und fromm, aber der jüngere war meist voller dummer, gottloser Gedanken. Der Pfarrer redete ihm zwar ins Gewissen, aber das machte den jungen Mann nur zornig und er konnte den geistlichen Herrn nicht leiden.

In einem Frühjahr stand der Mühlteich, nachdem der Schnee geschmolzen war und es dazu noch reichlich geregnet hatte, voller Wasser. Am

Ostermorgen ging der Müller mit den Mühlknechten und allen Bewohnern der Mühle, wie es sich gehörte, zur Kirche. Nur der jüngere Bruder blieb zu Hause. Ihm fiel ein übler Streich ein. Der junge Tunichtgut zog alle Stauschotten hoch. Die Leute in der Kirche, der Pfarrer und Sankt Lukas, der Schutzpatron, dessen Bild in der Kirche stand, sollten nasse Füße bekommen.

Er freute sich: Das Wasser stieg und stieg, schon plätscherte es an die Mauer der Kirche. Vergnügt rieb sich der junge Mann die Hände. Da gab es ein furchtbares Getöse, der Damm begann zu brechen. Vergeblich versuchte der Bruder des Müllers, die Stauschotten zu schließen. Es war zu spät, das tosende Wasser riss die Mühle und den gottlosen Mann in die Tiefe.

Entsetzt sahen die Kirchgänger das Unheil. Die Mühle wurde nicht mehr an der gleichen Stelle aufgebaut.

Müller – und deren Ehefrauen – werden auch mit Zauberei in Verbindung gebracht.

Die Katze in der Mühle bei Kalbe

In einer Mühle bei Kalbe konnte der Müller seine Gesellen nicht halten. Wenn er einmal einen neuen Gesellen eingestellt hatte, stand der am nächsten Morgen vor ihm und bat eindringlich, ihn wieder zu entlassen. Damals wurde auch nachts gemahlen, wenn der Wind günstig war. Der Geselle erklärte, um Mitternacht beginne es zu spuken und in der Mühle sei es nicht geheuer. Er wolle nicht bleiben.

Wieder war es dem Müller gelungen, einen neuen Gesellen einzustellen, einen großen, kräftigen Kerl. Der erklärte, er fürchte sich vor nichts, auch nicht vor dem Teufel.

In der ersten Nacht setzte er sich ruhig in eine Ecke der Mühle, rauchte mit Wohlbehagen seine Pfeife und stellte einen Topf mit Wasser auf das Feuer, um sich einen Grog zu brauen. Er freute sich über den guten Wind und wartete auf die Dinge, die da kommen sollten.

Als die Mitternachtsstunde anbrach, erschien eine schwarze Katze und setzte sich dem Gesellen gegenüber. Bald darauf kam eine zweite angeschlichen und noch eine dritte. Sie setzten sich zunächst neben die erste, aber dann gingen alle drei mit glühenden Augen auf den Gesellen zu. Dem wurde das zu bunt. Er griff sich schnell den Topf mit dem kochenden Wasser und goss es den Katzen über den Kopf. Da liefen sie alle drei heulend und prustend zur Tür hinaus.

Am nächsten Morgen erschien die Frau des Müllers nicht zum Frühstück. »Meine Frau kann nicht aufstehen, sie hat sich das ganze Gesicht verbrannt«, erzählte der Müller. Da wusste der Geselle, dass die Müllerin eine der schwarzen Katzen gewesen war, und er diente dem Müller viele Jahre.

Von der folgenden Geschichte kursieren verschiedene Variationen. In dieser Fassung, die 2006 von Margret Winkelvos aus Kirchwalsede aufgeschrieben wurde, kommt der unheimliche Aspekt der Mühle besonders zur Geltung.

Der Teufel in der Ölmühle

In den siebziger Jahren des 19. Jahrhunderts trieben die Gebrüder Klünder ihr Unwesen als Wilderer in der Gegend von Kirchwalsede. Der älteste der Brüder hieß Hinnerk und war Uhrmacher und Holzschuhmacher, Johann, der zweite, war Maurer und Fritz, der jüngste, war Musiker. Alle drei wilderten und der Vater Klünder brachte die erlegten Tiere auf Schleichwegen nach Bremen, um sie dort an Händler zu verkaufen.

Eines Sommerabends war der Förster Hermann vom Grafel in seinem Garten und hörte ganz in der Nähe einen Schuss. Er wusste sofort, dass wieder Wilderer am Werk waren, nahm seine Büchse vom Haken und rief seiner Frau noch zu, sie solle ihn an der Düringseiche abholen, und lief zu der Stelle, von wo er den Schuss gehört hatte. Dort erkannte er Johann Klünder, der sich gerade ein Reh auf die Schulter lud. Er rief ihn an, aber Johann warf das Reh ab und verschwand im Unterholz.

Der Förster beugte sich über das Tier und merkte zu spät, dass der Wilderer zurückkam und auf ihn anlegte. Er riss seine Büchse hoch und fast zugleich fielen die Schüsse. Förster Hermann wurde getroffen, konnte sich aber noch bis zu dem Weg schleppen, auf dem seine Frau mit Pferd und Wagen unterwegs war, um ihn abzuholen.

Aber auch der Wilderer war getroffen worden. Die sofort alarmierte Polizei fand Blutspuren im Unterholz, dort wo der Schusswechsel stattgefunden hatte. Aber Johann Klünder war verschwunden. Die Polizei suchte ihn am nächsten Morgen zuhause, bei seinen Eltern und Verwandten, aber angeblich war er nirgendwo aufgetaucht. Er war und blieb verschwunden.

Einige Wochen später schickte der Müller vom Federloh seinen Knecht abends zur Ölmühle, um das Feuer im Ofen zu löschen, das er vergessen hatte. Es war schon dunkel, als der Knecht an der Ölmühle ankam. Er sah einen Lichtschein hinter einem der kleinen Fenster und wunderte sich. Um zu sehen, woher das Licht kam, blickte er durchs Fenster und erschrak nicht schlecht.

Vor der geöffneten Ofentür saß ein Mann mit bloßem Oberkörper, strubbeligen Haaren und ganz schwarz im Gesicht. Die nackte Haut erschien im Feuerschein ganz rot. »Dat is de Dübel«, schrie der Knecht und rannte was er konnte davon. Als er beim Federlohmüller ankam und ihm atemlos berichtete, was er gesehen hatte, glaubte dieser ihm kein Wort. Er ging dann aber doch mit, um sich um das Feuer zu kümmern.

Als die beiden an der Ölmühle ankamen, war nichts mehr zu sehen. Niemand war da, das Feuer war aus und nur einige kleine Wasserlachen auf dem Fußboden zeigten, dass jemand dagewesen sein musste. »Dat wör de Deibel, dat wör ganz gewiss de Deibel«, sagte der Knecht auf dem Rückweg immer wieder.

Der Müller beruhigte ihn und meinte, dass er noch herausfinden würde, wer in der Ölmühle war.

Viel später, als die Brüder Klünder schon längst nach Amerika ausgewandert waren, erzählte der alte Klünder, dass sein Sohn sich die ganze Zeit bis zu seiner Abreise nach Amerika im Federloh versteckt hatte. Damit er etwas zu essen hatte, brachten seine Brüder ihm Lebensmittel. Aber um sein Versteck nicht zu verraten, deponierten sie die Verpflegung in Burlanges altem Backofen am Dorfende. Von dort holte sich Johann sein Essen ab, wenn es dunkel war.

An dem Abend, wo der Knecht ihn in der Ölmühle gesehen hatte, war ein Gewitter heraufgezogen und er war klatschnass geworden, als er vom Backofen zurückkam. Sein Gesicht hatte er sich mit Holzkohle schwarz gemacht zur Tarnung und weil in der Ölmühle das Feuer noch brannte, hatte er seine nassen Sachen ausgezogen um sie zu trocknen.

Er konnte ja nicht ahnen, dass so spät, nach dem Gewitter, der Bauer seinen Knecht noch losschickte, um nach dem Feuer zu sehen. Als der Knecht draußen angefangen hatte zu schreien »Dat is de Dübel«, hatte er schnell das Feuer gelöscht, seine nassen Sachen geschnappt und sich auf den Weg in sein Versteck gemacht.

Zu dieser Geschichte schreibt Margret Winkelvos, geb. Bosselmann:
Der Knecht aber erzählte seine Geschichte von dem Teufel in der Ölmühle immer wieder. In den Spinnstuben wurde sie weitererzählt und jeder dichtete noch etwas hinzu. So gibt es viele verschiedene Varianten der Geschichte. Ich habe sie so aufgeschrieben, wie sie mir mein Großvater, Wilhelm Bosselmann, immer wieder erzählte, als ich noch Kind war.

Das Zweite Gesicht

Viele Geschichten erzählen vom Zweiten Gesicht oder »Vörlaat«, der Fähigkeit, Dinge zu sehen, die erst in der Zukunft geschehen. Meist wird Feuer und Tod vorhergesehen, oft auch kriegerische Handlungen.

Das Zweite Gesicht in Westervesede

In Lohmanns Haus in Westervesede lebte vor mehr als zweihundert Jahren ein Mann, der das Zweite Gesicht hatte. Es heißt, er habe die große Feuersbrunst von 1852 vorausgesehen. Er habe genau gesagt, zu welcher Stunde und in welchem Haus das Feuer ausbrechen würde.

Die Leute haben darüber gelacht und gesagt: »Wir nehmen dich beim Wort, wenn es soweit ist.«

Der Mann meinte aber, sowohl er als auch seine Schwester würden vorher sterben.

Es kam, wie er es gesagt hatte. Die Geschwister waren gestorben. Das Feuer brach 1852 im Schulhaus aus. Die Lehrersfrau soll mit einer Bettdecke dem Herdfeuer zu nahe gekommen sein. Das Schulhaus, zwei Gehöfte und mehrere Häuslingshäuser brannten nieder.

Die Soldaten auf dem Feld

Hinter Kirchwalsede lebte einmal ein alter Förster, der konnte Dinge im Voraus sehen.

Als eines Tages ein Bauer Mist fahren wollte und mit seinem Wagen zum Acker kam, wollten die Pferde plötzlich nicht weiterziehen. Da kam zufällig der alte Förster daher, der sagte: »Spann die Pferde ab, kannst du es nicht sehen? Schau mal zwischen den Ohren der Pferde hindurch, dann wirst du sehen, dass auf dem ganzen Feld Kriegsvolk liegt. Komm in zwei Stunden wieder, dann sind sie weg.«

Und richtig, zwei Stunden später zogen die Pferde die Fuhre ruhig auf den Acker.

Greet von Ahausen

Um das Jahr 1900 herum arbeitete die Magd Greet auf dem Hof Allermann in Ahausen. Greet hatte das Zweite Gesicht, das sie oft nachts überkam. Sie irrte dann durch das Dorf und über die Felder. Besonders drei ihrer Vorhersagen sind noch heute bekannt.

Die eine Vorhersage betraf die Hochzeit der Tochter von Bauer Blank. Greet hatte gesehen, dass die Pferde mit dem Brautwagen in Richtung des Dorfes Eversen liefen. Darüber war niemand erstaunt, denn die Bauerstochter war mir einem jungen Mann aus Eversen befreundet. Geheiratet hat sie dann aber einen anderen, und der wohnte in der genau entgegengesetzten Richtung. Als der Brautwagen auf die Straße fuhr, scheuten die Pferde, die Brautmutter griff noch in die Zügel, bewirkte damit aber nur, dass die Pferde erst einmal ein ganzes Stück Richtung Eversen liefen. So traf die erste Vorhersage ein.

Auch die zweite Prophezeiung bezog sich auf eine Hochzeit. Die Tochter des Bauern Mahnke würde auf die Mühle heiraten, und der Brautwagen werde, so hatte Greet es gesehen, von zwei Schimmeln gezogen. Um die Prophezeiung zu widerlegen, kaufte der Brautvater einige Jahre vor der Hochzeit ein vermeintliches Rappfohlen, das sich allerdings bald zu einem echten Schimmel entwickelte. Um ein schönes Gespann zu haben, wurde dann ein zweiter Schimmel gekauft.

Die dritte Vorhersage der Magd war die dramatischste: Greet konnte genau sagen, welche Höfe in Ahausen einem Feuer zum Opfer fallen würden und welche verschont blieben. Am Pfingstmontag 1933 gab es diesen Großbrand tatsächlich. Das Feuer brach, wie Greet es gesehen hatte, während des Gottesdienstes auf dem Hof gegenüber der Kirche aus. Kinder hatten mit Streichhölzern gespielt und so den Brand entfacht. Als die Menschen, die in der Kirche waren, das Feuer bemerkten, mussten sie feststellen, dass auch der Baum vor der Kirche brannte. Sie konnten den Kirchhof nur über die rückwärtige Mauer verlassen. Ein großer Teil des Dorfes wurde Opfer der Flammen. Ein Hof, von dem Greet gesagt hatte, dass er verschont bliebe, hatte eine kurze Zeit vorher ein neues Dach mit Dachpfannen erhalten. Die anderen Häuser waren noch mit Stroh gedeckt. Greet soll auch die Uniformen von SA-Leuten beschrieben haben, die beim Löschen des Brandes halfen.

Das Zweite Gesicht bei Tieren

Auch Tiere können das Zweite Gesicht haben. Von zwei solcher Vorkommnisse wird hier berichtet.

Einige Jahre nach dem Ersten Weltkrieg weigerten sich die Pferde eines Bauern aus einem nicht ersichtlichen Grund, über eine bestimmte Stelle auf der Straße zu gehen. Sie mussten in einem weiten Bogen darum herumgeführt werden. Wenige Tage darauf wurde der Sohn des Bauern genau dort erstochen.

Ein ähnlicher Fall trug sich im Jahr 1930 zu.

Kurz nach Weihnachten hörte der junge Friedrich K. eines Abends im Garten des Hauses, das seine Eltern bewohnten, einen Hund jämmerlich jaulen. Von diesem Hund hieß es, er habe schon einige Brände angekündigt. Friedrich sagte zu

seinem Vater: »Unsere Tante wird wohl sterben.«
Im Haus wohnte nämlich eine Tante, die schwer
krank war. Der Hund im Garten wollte gar nicht
aufhören zu jaulen. Also sagte der junge Mann:
»Ich will ihn fortjagen, damit unsere Tante ihn
nicht immer hören muss.« Er ging hinaus, um das
Tier zu vertreiben. Aber der Hund wollte nicht
weichen und blieb auch da, als Friedrich mit
Holzstücken nach ihm warf.

Die Tante wurde wieder gesund, aber der
junge Friedrich wurde bald danach überfallen
und erschlagen.

Franzosenzeit

Viele Sagen und Erzählungen handeln von der Franzosenzeit. Damit ist in unserer Region im Allgemeinen die Zeit zwischen 1803 und 1813 gemeint. In diesen Jahren gehörte das frühere Kurfürstentum Hannover zum Kaiserreich Frankreich, Napoleon war der Herrscher und seine Besatzungstruppen in der Bevölkerung verhasst. Obwohl diese Periode nur zehn Jahre dauerte, wurde sie von den Menschen als so einschneidend erlebt, dass viele Geschichten darauf Bezug nehmen.

Heidkaben in der Franzosenzeit

In alten Zeiten standen in der einsamen Heide Schafställe, Heidkaben genannt, die luftige Wände aus geflochtenen Zweigen oder aus Heideplaggen hatten. Hier konnten die Schäfer des Nachts ihre Schafe zusammentreiben, wenn sie nicht den weiten Weg zurück ins Dorf nehmen wollten. In Kriegszeiten dienten diese einsam und versteckt gelegenen Heidkaben aber auch als Zufluchtsorte vor fremden Soldaten, wenn diese die Gegend unsicher machten.

Auch in der Umgebung von Scheeßel gab es solche Heidkaben. Als es in der napoleonischen Zeit auch in Scheeßel Einquartierung französischer Truppen gab, kam es einmal auf Harms Hof zu einer Schlägerei zwischen den jungen Männern auf dem Hof und den französischen Soldaten. Einer der Knechte warf eine Forke nach einem Soldaten und traf so gut, dass sie im Hinterteil des Franzosen stecken blieb. Die anderen Soldaten griffen nun zu ihren Waffen, aber es gelang dem Knecht, sich aus dem Staub zu machen. Zuerst versteckte er sich in einer Erdhöhle in der Nähe des heutigen »Waidmanns Ruh«. In der Nacht schlich er dann zu einem Heidkaben, wo es sicherer für ihn war. Die Dorfbewohner brachten ihm, wenn es dunkel war, Essen und Trinken. Der junge Mann verließ sein Versteck erst, als die Franzosen wieder abgezogen waren.

In Bartelsdorf fand einmal auf einer Bauerndiele ein Tanz statt, zu dem natürlich auch die französischen Soldaten kamen, die im Dorf eiquartiert waren. Auch hier gab es bald einen Streit zwischen den jungen Männern aus dem Dorf und den Franzosen. Es entwickelte sich eine kräftige Schlägerei, in deren Verlauf ein Bartelsdorfer sich einen Stuhl griff, und diesen dem nächsten Soldaten so über den Kopf schlug, dass die Binsen des Sitzes zerbarsten. Der Rest des Stuhles war allerdings sehr stabil. Ein Tischler musste mit einer Säge kommen, um den Franzosen zu befreien.

Auch dieser Täter brachte sich in einem Heidkaben in Sicherheit.

Die Schäfereiche in Bremervörde

Als die Franzosen vor über 200 Jahren durch Deutschland zogen, kamen sie auch in die Gegend von Bremervörde. Das Heer musste auf die andere Seite der Oste und suchte nach einer Furt. Brücken gab es damals noch wenige. Auf dem gegenüberliegenden Ufer hütete ein Schäfer seine Tiere. Die französischen Soldaten fragten ihn, wo sie am besten über die Oste kämen. Natürlich wusste der Schäfer einen Stelle, wollte sie aber nicht verraten. Die Franzosen versprachen ihm so viel, »dass er für sein Leben genug haben würde«. Das Angebot schien dem Schäfer sehr verlockend, sodass er dem feindlichen Heer die Furt zwischen Engeo und Bremervörde verriet.

Als die Soldaten den Fluss durchquert hatten, verlangte der Schäfer seine Belohnung. Die Franzosen ließen ihn an einer jungen Eiche aufhängen und riefen ihm zu:«So, nun hast du Verräter für dein Leben genug!«

Die »französischen« Soldaten waren nicht immer Franzosen. Auch viele junge Männer aus Deutschland kämpften – freiwillig oder gezwungen – in Napoleons Heer. Und manch einer mag sich eine Uniform angezogen haben, um sich Vorteile zu verschaffen.

Die Rache des Knopfes

Nachdem Napoleon das Gebiet zwischen Elbe und Weser seinem Kaiserreich einverleibt hatte, waren oft französische Soldaten auf den Höfen einquartiert. So erfuhren die Soldaten viel über die Lebensumstände und wirtschaftlichen Verhältnisse der Bauern.

Eines Tages erschien auf einem Hof ein französischer Grenadier. Er forderte den Bauern auf, ihm den Weg nach Bremervörde zu zeigen. Es war Winter und draußen herrschte eisige Kälte. Der Bauer hüllte sich in seinen warmen Mantel aus Schafwolle, der am Kragen mit einem großen silbernen Knopf verschlossen wurde. So stapften sie durch den Schnee, der Bauer voran und der Franzose hinterher. Als sie in das Byhusener Holz kamen, zog der Franzose plötzlich sein Seitengewehr, hielt den Bauern an, packte ihn an der Kehle und schnitt den silbernen Knopf ab. Dann sagte er höhnisch: »Jetzt kannst du nach Hause gehen. Den Weg weiß ich selber.«

Der geplünderte Bauer ging heim, und die Geschichte machte in der ganzen Gegend die Runde.

Der Franzose setzte seinen Weg fort. In einem der nächsten Dörfer setzte er sich in die Gastwirtschaft, bestellte zu Essen und zu Trinken. Als es ans Bezahlen ging, zeigte es sich, dass er nicht genug Geld hatte. Da zog er den wertvollen Knopf aus der Tasche, warf ihn der Wirtin auf den Tisch und lief davon. Der Frau kam die Sache nicht geheuer vor. Sie brachte den Knopf zum Amtmann nach Bremervörde und erzählte von dem Vorfall in ihrer Wirtschaft.

Die Sache geriet mit der Zeit fast in Vergessenheit. Die Franzosen waren längst abgezogen, da saßen in einem Dorf in einer Herberge zwei Männer und sprachen der Flasche fleißig zu. Als es ans Bezahlen ging, hatten sie Mühe, genug Geld zusammenzukratzen. Da entfuhr es dem einen: »Ja, wenn man noch wieder so einen silbernen Knopf hätte wie damals im Byhusener Holz, dann könnten wir bald quitt werden!«

Das hörten andere Gäste in der Stube. Der silberne Knopf? Jetzt erinnerten sie sich an den frechen Überfall in der Franzosenzeit. Der Täter hatte sich verraten.

Ein paar kräftige Männer brachten ihn zum Amt nach Bremervörde. Der Bauer und die Wirtin erkannten ihn wieder, und in dem folgenden Prozess erzählte er, wie er sich als Landstreicher eine französische Uniform verschafft und so verkleidet den Bauern beraubt hatte.

Ein gerechtes Urteil verbannte ihn nach der Festung Stade, wo er jahrelang hat in der Karre gehen müssen. Das war eine entehrende Strafe, dem Zuchthaus vergleichbar.

Napoleon war in unserer Gegend verhasst, und wer gegen Napoleon kämpfte, galt als Held. Das mag dazu beigetragen haben, dass ein schweres Verbrechen ungesühnt blieb.

Der Raub der Kriegskasse

Drei Bauern aus Riekenbostel, Hastedt und Nindorf erfuhren, als sie in Rotenburg in der Gastwirtschaft saßen, dass ein Geldtransport von Rotenburg nach Verden stattfinden sollte. Sie überredeten die französischen Soldaten, die diesen Transport begleiteten, nicht den direkten Weg zu nehmen, sondern lieber einen Umweg über Riekenbostel und Lüdingen zu machen, das sei sicherer. Das Gelände zwischen diesen beiden Dörfern war einsam und waldig, und in einer Senke legten sich die drei Männer auf die Lauer. Als der Transport kam, überfielen sie ihn und waren dabei weder mit den Soldaten noch deren Pferden zimperlich. Man hat nie wirklich erfahren, was mit den französischen Soldaten geschehen ist, und die Pferde durften auch nirgendwo wieder auftauchen. Das hätte die Täter verraten können. Die Bauern teilten sich die Beute und die Leute haben sich gewundert, woher gerade diese drei so viel Geld hatten. Belangt worden für das Verbrechen sind sie nie.

Teufel

In vielen Geschichten taucht der Teufel auf. Gottlosen Menschen und solchen, die in seinem Namen schwören, kann er sich nähern und ihre Seelen der Verdammnis zuführen.

Vom Brautberg bei Ostervesede

In Ostervesede lebte einst eine Bauerntochter, die einen armen Schäfer zum Bräutigam hatte. Die beiden hatten sich gegenseitig Treue geschworen und das Mädchen hatte sogar gesagt: »Der Teufel soll mich an meinem Hochzeitstag aus dem Ehrentanz holen, wenn ich mein Versprechen breche.«

Aber als ein reicher Hoferbe um ihre Hand anhielt, vergaß sie alle Liebesschwüre und gab ihm ihr Jawort.

Bald wurde die Hochzeit gefeiert. Die Gäste kamen von nah und fern und im Hochzeitshaus herrschte ein fröhliches Treiben. Auf der Diele waren lange Tische aufgestellt, die Gäste aßen und tranken, dazu spielten die Musikanten fröhliche Lieder.

Nach dem Essen setzten sich die verheirateten Männer zum Kartenspiel unter die Eichen vor dem Haus. Gegen Abend setzte sich ein vornehmer Herr zu ihnen. Niemand hatte ihn zuvor bemerkt und keiner der Anwesenden kannte den

Fremden. Er spielte gut, merkwürdig war nur, dass ihm die Kreuzkarten immer wieder aus der Hand rutschten. Einige Kinder, die ihn beobachtet hatten, erzählten später, er habe so einen komischen Fuß gehabt, fast wie ein Pferdefuß.

Als es dunkel wurde, beendeten die Männer das Kartenspiel und gingen ins Haus. Die Musikanten hatten auf der Diele hinter ihrem Tisch Platz genommen und spielten zu den Ehrentänzen auf. Rings herum stand die ganze Hochzeitsgesellschaft und sah zu, wie die Braut immer wieder zum Tanz aufgefordert wurde. Das dauerte eine ganze Weile. Endlich trat auch der fremde Gast vor, warf den Musikanten ein Goldstück auf den Teller und tanzte mit der Braut die Diele hinunter. Plötzlich packte er sie grob an, schlug sie dreimal mit dem Kopf gegen den Dössel und fuhr mit ihr zum Haus hinaus übers Feld dem Wald zu und weiter bis hinter Heitmanns Wiese im Moor.

Natürlich war der fremde Gast der Teufel. Er wollte die treulose Braut töten, aber sie trug einen Gürtel, an dem ein Kreuz befestigt war. Das schützte die Braut.

Da sah der Teufel in der Nähe den jungen Schäfer. Er winkte ihn heran und bat ihn, den Gürtel mit dem Kreuz zu lösen. Als Lohn versprach er ihm eine Truhe voller Gold. Der Schäfer tat, worum ihn der Teufel gebeten hatte, und die Braut war verloren. Am nächsten Morgen fand man sie tot an einem kleinen Hügel liegen. Ihr ganzes Gesicht war zerkratzt.

Die Stelle wird bis heute der »Brautberg« genannt.

Der Pakt mit dem Teufel mag manchem vorteilhaft erscheinen, aber der Nutzen ist stets nur von kurzer Dauer.

Der Teufelstaler

In den schlechten Jahren nach den Befreiungs- kriegen musste Kleversbuur aus Westervesede seinen Hof verkaufen. Er konnte nur das alte Häuslingshaus behalten. Dorthin zog er mit sei- ner Frau und seinen kleinen Kindern. Aber er starb bald darauf, und seine Frau blieb in Armut zurück. Niemand half ihr. So war es kein Wun- der, dass sie mit der Zeit auf schlechte Gedanken kam und den Teufel zu Hilfe rief. Sie verschrieb ihm ihre Seele, dafür bekam sie einen goldenen Taler, der immer zu ihr zurück kam. Wenn sie etwas mit diesem Taler bezahlt hatte, brauchte sie nur zu sagen: »Taler, ich rufe dich!«, und schon lag er wieder in ihrer Hand. Allerdings dauerte es nicht lange, bis die Kaufleute in Scheeßel miss- trauisch wurden und sich fragten, warum der

Taler immer wieder aus ihrer Kasse verschwand. Als der Schlachter, der damals in Miesners Häuslingshaus wohnte, auch darauf hereingefallen war, wartete er nur darauf, dass sich die Frau wieder bei ihm sehen ließ. Und es dauerte auch nicht lange, bis die Frau ihren Einkauf bei ihm wieder mit dem Taler bezahlte. Kaum war sie aus der Tür, nagelte der Schlachter den Taler mit vier Nägeln auf dem Hackklotz fest. Aber kaum hatte die Frau zu Hause ihren Spruch aufgesagt, flog der Taler mitsamt Hauklotz zum Fenster heraus.

Damit aber hatte der Spuk sein Ende, die Frau konnte sich in Scheeßel nirgends mehr sehen lassen. Sie soll danach mit ihren Kindern nach Amerika ausgewandert sein.

Gotteshäuser sind dem Teufel ein Ärgernis, weil er, wenn der Glaube der Menschen an Gott stark ist, keine Seelen fangen kann. Er verleiht seiner Wut in den Geschichten oft drastisch Ausdruck, allerdings, ohne wirklich Schaden anrichten zu können.

Der Teufelsstein im Steenshop

Im Steenshop in der Feldmark Tarmstedt lag ehemals ein gewaltiger Stein, in ihm war eine eiserne Krampe befestigt. Wie kam der Stein dorthin?

Die Sage erzählt, der Teufel habe vor tausend Jahren auf dem Weyerberg gestanden und

Umschau über das wilde Moor ringsum gehalten. Da fiel sein Blick in der Ferne auf den Turm von Kirchtimke. Ihn packte die Wut, er ergriff einen großen Stein und warf nach dem Kirchturm, um ihn umzustürzen. Aber er traf nicht. Der Stein blieb in der Tarmstedter Feldmark liegen. – Er läge noch da, hätten die Bewohner ihn nicht gesprengt und zu Geld gemacht.

Dass es gefährlich sein kann, den Teufel anzurufen, hat schon die Sage vom Brautberg gezeigt. Aber nicht jede Geschichte geht schlecht aus, frommer Lebenswandel kann aus der Not befreien.

Die Jungfern vom Borchelsmoor

Es war immer schon rätselhaft, wer den Hof Borchelsmoor mitten in einem Moor bei Gyhum angelegt haben könnte.

Einst lag dieser Hof, wie die Sage erzählt, in einer fruchtbaren Gegend. Reiche Kornfelder und üppige Wiesen brachten seinen Bewohnern Wohlstand. Da verfielen sie in einen verschwenderischen Lebenswandel.

Nun gehörte der Hof zu einem nahen Gut, das zwei adlige Jungfern gemeinsam in Frieden verwalteten. Eines Tages beschlossen sie, ihren Besitz unter sich zu teilen. Schnell einigte man sich über die Güter bis auf das reiche

Borchelsmoor. Keine wollte es missen. Hart-
näckig bestand jede auf ihrem Stück. Heftige
Worte wurden gewechselt. Schließlich rief das
eine Fräulein: »So lange haben wir in Frieden
hier gewirtschaftet. Wenn doch der Teufel dieses
Dorf holen wollte.«

Als sie am nächsten Morgen erwachten, trau-
ten sie ihren Augen nicht. Die reichen Felder waren
verschwunden. Mitten im öden Moore aber erho-
ben sich ärmliche Katen.

Der Teufel hatte über Nacht seinen Dienst
getan.

Jetzt war der Hof verarmt, und keine der beiden Jungfern war mehr etwas an seinem Besitz
gelegen. So wurde er verlost und der Friede
wiederhergestellt.

Aber die Arbeit auf dem Hof wollte sich nicht
mehr lohnen. An den Ähren des Getreides saßen
schwarze Körner, und das Gras auf den Wiesen wollte nicht wachsen. Es dauerte nicht lange,
und die Leute erzählten sich, dass der Teufel den
Gewinn einstreiche und er den Bauern nur den
kläglichen Rest lasse. Noch dazu trieb er nachts mit
Irrlichtern und Moorhexen seinen höllischen Spuk.

Da besannen sich die Bewohner, sie ließen von
ihrem schlechten Lebenswandel ab und wurden
fleißige und fromme Leute. So konnte der Teufel ihnen nichts mehr anhaben. Er ließ von seinem

bösen Spiel ab, die Äcker und Wiesen brachten wieder gute Ernten. Heute erzählt nur noch die Sage von der schlimmen Zeit.

Auch Menschen, die christliche Feste missachten, sind für den Satan eine leichte Beute. Das erzählt die folgende Geschichte.

Das Ende der Burg von Adiek

Der Teufel war am Weihnachtsabend aus der Hölle emporgefahren. Er wollte in dieser Nacht Menschenseelen fangen. Das schien zunächst kein aussichtsreiches Unterfangen zu sein. Aus den Fenstern der Kirchen fiel freundliches Licht, drinnen wurde gesungen, der Klang der Orgeln war zu hören, und die Menschen feierten die Geburt Christi. Das ärgerte den Teufel sehr. So konnte er keine Seelen fangen. Grollend strich er durch die Nacht. Da bemerkte er, dass auch die Fenster der Burg Adiek hell erleuchtet waren. Aber hier gab es keinen Orgelklang. Schon von Weitem vernahm der Teufel grölende Lieder, mit denen eine betrunkene Gesellschaft die Heilige Nacht verspottete.

Das war genau nach dem Sinn des Teufels. Schnell warf er sich in ein festliches Gewand und stand plötzlich mitten in der leichtsinnigen Gesellschaft. Einen Becher Wein nach dem anderen stürzte er hinunter und heizte die Stimmung noch mehr an. Um Mitternacht waren viele der Ritter und ihre Frauen so betrunken, dass sie ihrer Sinne nicht mehr mächtig waren. Viele riefen nach noch mehr Wein. Jetzt sah der Teufel seine Stunde gekommen. Mit einer höhnischen Fratze rief er: »Im Keller liegt noch ein ganzes Fass Wein, das habt ihr noch gar nicht entdeckt! Das wird nicht leer, bis morgen früh die Hähne krähen!« Ein Knappe musste mit einem Krug und einer Kerze in der Hand voraus in den Keller gehen, der Teufel folgte mit spöttischem Grinsen. Plötzlich umgab die beiden ein helles Licht. Der Knappe bekam es mit der Angst zu tun: In der Ecke stand tatsächlich ein riesiges Fass, das er noch nie zuvor dort gesehen hatte. Auch einige Gäste kamen neugierig in den Keller hinunter. »Her mit dem Krug!«, rief der Teufel. Zitternd kam der Knappe heran. Aber als der Böse den Hahn öffnete, gab es einen lauten Knall und ein großes Feuer. Krachend stürzten die Mauern ein und begruben die gesamte leichtsinnige Gesellschaft unter sich. Nur ein Ringwall zeigt noch, wo einmal die Burg gestanden hat.

Nicht weit von dem Kirchweg, der von Ostereistedt nach Selsingen führt, lag noch um die Mitte des vorigen Jahrhunderts ein gewaltig großer Stein, der an der Oberseite viereckig war. An der einen Ecke befand sich eine große Spalte. Von diesem Stein erzählte man sich folgende Geschichte:

Der versteinerte Sonntagsschänder

Es ist schon lange her, da fuhr an einem Sonntagmorgen gerade bei Sonnenaufgang ein gewinnsüchtiger Bauer mit seinen zwei braunen Pferden den Kirchweg entlang. Ihn kümmerte es nicht, dass sein mit Heu beladener Wagen die Stille und Andacht des Feiertags störte. Als er gerade auf seinen Acker abbiegen wollte, stand plötzlich, wie aus der Erde gewachsen, ein unbekannter Ritter vor ihm und fragte ihn nach seinem Tun. Als der Bauer ihm nicht gleich antworten konnte, fuhr ihn der Ritter zornig an: »Das Heu hast du gestohlen, ich seh es dir an! Und das noch an einem Sonntag! Damit die Welt den Sonntag ehrt, bleibst du hier stehen!«

Mit diesen Worten zog er sein Schwert und schwang es vor dem Wagen. Der Bauer und sein Gespann waren zu Stein verwandelt. So standen sie am Kirchweg, bis der Stein gesprengt wurde.

Quellen

Baurichter, Karl: Glaube Spuk und Gestalten, Soltau 1952

Heimatborn, Beilage zur Rotenburger Kreiszeitung, div. Jahrgänge

Heinzel, Klaus (Hg): Chronik der Stadt Visselhövede, Horb am Neckar 1999

Henninger, Karl und von Harten, Johann: Niedersachsens Sagenborn, Bd. 2, 11. Aufl., Hildesheim 1994

Mackensen, Dr. Lutz (Hg): Niedersächsische Sagen II, Leipzig 1925

Petschel, Günter (Hg): Sagen und Märchen aus der Lüneburger Heide, 2. Aufl., Husum 2004

Schmidt-Barrien, Heinrich: Alte Rezepte, in: Rotenburger Schriften Bd 42/43, Rotenburg 1975

Woltmann, Hans: Sagen aus dem Lande zwischen Niederelbe und Niederweser, Band 1, Stade 1959

Woltmann, Hans: Sagen aus dem Lande zwischen Niederelbe und Niederweser, Band 2, Stade 1963

Festschrift zur 100-Jahr-Feier der Heilig-Kreuz-Kirche Brockel, Brockel 2004

Aufzeichnungen von Margret Winkelvos und Eckhard Rohde, Kirchwalsede

Armin Schöne
Rotenburg (Wümme)

zur Zeit der Erzbischöfe
von Bremen und der
Könige von Schweden

92 Seiten, 12 Abb.
Taschenbuch,
Format 12 x 19,5 cm
9,90 Euro
ISBN 978-3-95494-185-8

Rotenburg war seit dem 13. Jh. das »wesentliche Hoflager«
der Erzbischöfe von Bremen und der Bischöfe von Verden. In
der bischöflichen Residenz Rotenburg waren die Kammern
mit dem Erzbischöflichen Nachlass, auch hatten hier die
Voerder Kanzlei samt Kanzler sowie die Verdener Kanzlei
hier ihren Sitz.
Unter schwedischer Herrschaft kamen Schloss und Amt
Rotenburg an Hans Christoph von Königsmarck. Nach der
Reichsexekution wurde Königin Christina selbst Eigentü-
merin von Rotenburg, indem sie die Insel Öland u.a. gegen
Rotenburg eintauschte. Christina starb 1689 in Rom, was
bis etwa 1714/1715 zu einer Übergangsphase einer schwe-
dischen Herrschaft führte. Um die Jahre 1719/20 endete die
schwedische Herrschaft vollends. Rotenburg kam an das
Kurfürstentum Hannover und an Großbritannien.

Ortsregister